Dr. Oetker

# Cake Pops

## & Whoopies

Dr. Oetker

# Cake Pops
## & Whoopies

Dr. Oetker Verlag

# VORWORT

Die neuen Gebäck-Favoriten in Coffeeshops, trendigen Konditoreien und bei leidenschaftlichen Do-it-yourself-Bäckerinnen heißen Cake Pops und Whoopies. Egal ob zuckersüße Küchlein am Stiel oder verführerische Keks-Sandwiches: Die geschmackvollen Schönheiten sind beim Kaffeekränzchen oder zur angesagten Afternoon Tea Time die perfekte Alternative zum schlichten Kuchenstück. Und ihre Fingerfood-Größe macht sie zum Highlight auf jedem Party-Buffet.

Cake Pops – kleines, feines Naschwerk am und mit Sti(e)l – werden entweder aus Kuchenkrümeln und einer Creme geformt oder im Cake-Pop-Maker bzw. in -Blechen gebacken, um anschließend mit allerlei Pomp zu kleinen kulinarischen Kunstwerken garniert zu werden. Frühlings-Pops, Hexenhüte, Wollknäuel oder Sweet Red Roses: Ein bisschen Glamour in Form von Zuckerperlen, Glitzerstreuseln und zarten Marzipanblüten darf hier nicht fehlen. Zu schade um reinzubeißen? Nein, zu lecker, um es nicht zu tun.

Deutlich weniger aufwändig, aber ein ebensolcher Garant für beeindruckte Freunde, Arbeitskollegen und Partygäste: Whoopies! Zwischen zwei zarten, weichen Kekshälften machen sich luftig aufgeschlagene Cremes in verführerischen Farben und Aromen breit. Schoko-Erdbeer-, Kaffee- oder Käse-Sahne-Whoopies ... die süßen Sandwiches schmecken einfach nur köstlich.

Wir haben alle Rezepte für Sie ausprobiert und so beschrieben, dass Sie Ihnen gut gelingen. Für beste Backergebnisse empfehlen wir, den Ratgeber auf den Seiten 90/91 zu lesen. Dort finden Sie vor allem für das Garnieren von Cake Pops gelingsichere Tipps und Tricks. Los geht's: backen, genießen und auf Komplimente freuen!

# Knusperkugeln 24 Stück

**PRO STÜCK:** E: 2 g, F: 11 g, Kh: 15 g, kJ: 697, kcal: 166, BE: 1,5
**ZUBEREITUNGSZEIT:** 2 Stunden, ohne Kühlzeit
**BACKZEIT:** etwa 20 Minuten

**FÜR DIE CAKE-POP-MASSE:**

**125 g** Butter oder Margarine (zimmerwarm)

**50 g** Zucker
**1 Prise** Salz
**2** Eier (Größe M)
**125 g** Weizenmehl
**75 g** Haselnuss-Krokant
**1 gestr. TL** Dr. Oetker Backin

**½ Pck. (30 g)** Garant Vanille-Pudding-Pulver

**200 ml** Milch (1,5 %)
**50 g** Butter (kalt)

**ZUM GARNIEREN:**

**250 g** Kuchenglasur Hell oder Dunkel

**40 g** Cornflakes
**evtl. 1 EL** Nonpareilles (Zuckerperlchen)

**1** Springform (Ø 24–26 cm)

**1.** Den Backofen vorheizen.
Ober-/Unterhitze: etwa 180 °C, Heißluft: etwa 160 °C

**2.** Für die Cake-Pop-Masse sehr weiche Butter oder Margarine sowie Zucker und Salz mit einem Mixer (Rührstäbe) zunächst kurz auf niedrigster, dann auf höchster Stufe 4 Minuten schaumig schlagen. Nach und nach die Eier unterrühren (jedes Ei etwa ½ Minute).

**3.** Mehl mit Krokant und Backpulver gut vermischen. Die Mehlmischung mit einem Schneebesen unter die Eier-Fett-Masse heben. Den Teig in die Springform (Boden gefettet und gemehlt) geben und glatt streichen. Die Form auf dem Rost in den vorgeheizten Backofen schieben. Den Kuchen **etwa 20 Minuten backen.**

**4.** Die Form auf einen Kuchenrost stellen. Den Kuchen etwas abkühlen lassen. Dann aus der Form lösen und auf dem Kuchenrost erkalten lassen.

**5.** Inzwischen Pudding-Pulver in eine hitzebeständige Schüssel geben. Milch in einem Topf aufkochen, dann unter Rühren zu dem Pudding-Pulver geben. Den Pudding etwa 1 Minute mit einem Schneebesen verrühren. Die Butter in kleinen Stückchen hinzugeben. So lange rühren, bis keine Butterstückchen mehr zu sehen sind. Frischhaltefolie direkt auf die Puddingoberfläche legen. Pudding auf Zimmertemperatur abkühlen lassen.

**6.** Den Kuchen in einer Rührschüssel mit den Händen zerbröseln. Pudding hinzugeben, mit dem Mixer (Knethaken) auf niedrigster Stufe so lange verkneten, bis sich die Brösel mit dem Pudding verbunden haben.

# Knusperglück

**7.** Die Cake-Pop-Masse zwischen den Handflächen zu Kugeln rollen (je etwa 25 g) und auf ein Backblech (mit Backpapier belegt) legen.

**8.** Zum Garnieren Kuchenglasur nach Packungsanleitung schmelzen. Die Lollistiele etwa 2 cm tief in die Glasur tauchen, dann in die Teigkugeln stecken. Die Cake Pops etwa 30 Minuten in den Kühlschank legen.

**9.** Die restliche Kuchenglasur nochmals schmelzen, dann in eine kleine Schale geben. Cornflakes mit der Hand etwas zerbröseln und unter die Glasur rühren. Die Cake Pops an den Stielen in die Knusperglasur tauchen, etwas abtropfen lassen und mit den Stielen in ein Stück Styropor stecken. Cake Pops nach Belieben mit Nonpareilles bestreuen. Die Glasur trocknen lassen.

# Energiebällchen 20 Stück

**PRO STÜCK:** E: 5 g, F: 11 g, Kh: 17 g, kJ: 798, kcal: 191, BE: 1,5
**ZUBEREITUNGSZEIT:** 1 Stunde, ohne Kühlzeit

**ZUM VORBEREITEN:**
**150 g** Sonnenblumenkerne

**FÜR DIE CAKE-POP-MASSE:**
**250 g** getrocknete Aprikosen
**150 g** Marzipan-Rohmasse
**4 EL** kernige Haferflocken

**ZUM GARNIEREN:**
**200 g** weiße Kuvertüre
**20 g** Pflanzenfett (zum Braten, Frittieren und Kochen)

**1.** Die Sonnenblumenkerne in einer Pfanne ohne Fett unter Wenden rösten, dann auf einen Teller geben.

**2.** Für die Cake-Pop-Masse Aprikosen in sehr feine Stückchen hacken, am besten in einem Blitzhacker. Aprikosenstückchen mit Marzipan und Haferflocken sorgfältig verkneten. Die Masse zwischen den Handflächen zu Kugeln (je etwa 20 g) rollen und auf ein Backblech (mit Backpapier belegt) legen.

**3.** Zum Garnieren Kuvertüre in kleine Stücke hacken. Pflanzenfett in grobe Stücke schneiden. Kuvertüre und Pflanzenfett zusammen im Wasserbad schmelzen (siehe Ratgeber S. 91).

**4.** Die Lollistiele etwa 3 cm tief in die Kuvertüre tauchen, dann in die Kugeln stecken. Die Cake Pops etwa 30 Minuten in den Kühlschrank legen.

**5.** Die Kuvertüre nochmals im warmen Wasserbad schmelzen. Cake Pops an den Stielen in die Kuvertüre tauchen, etwas abtropfen lassen und dann rundherum vorsichtig in den Sonnenblumenkernen wälzen. Die Kerne leicht andrücken. Die Cake Pops mit den Stielen in ein Stück Styropor stecken. Kuvertüre trocknen lassen.

**Tipps:** Für ein bisschen Glamour einfach 1 Esslöffel goldene Nonpareilles (Zuckerperlchen) unter die Sonnenblumenkerne mischen. Die Cake Pops können in Frischhaltefolie gewickelt oder in gut schließenden Dosen etwa 6 Tage aufbewahrt werden.

ohne zu backen

# Schoko-Mandel-Pops 25 Stück

**PRO STÜCK:** E: 5 g, F: 12 g, Kh: 14 g, kJ: 781, kcal: 187, BE: 1,0
**ZUBEREITUNGSZEIT:** 50 Minuten, ohne Abkühlzeit
**BACKZEIT:** 15–20 Minuten je Backblech

**FÜR DEN TEIG:**

**200 g** Marzipan-Rohmasse
**1** Ei (Größe M)
**1** Eiweiß (Größe M)
**150 g** Zucker
**1 Prise** Salz
**30 g** Weizenmehl
**1–2 TL** gem. Zimt
**½ gestr. TL** gem. Kardamom
**200 g** abgezogene, gem. Mandeln

**ZUM GARNIEREN:**

**75 g** gehobelte Mandeln
**100 g** Zartbitter-Schokolade (etwa 50 % Kakaoanteil)
**100 g** Vollmilch-Schokolade (etwa 30 % Kakaoanteil)
**10 g** Kokosfett

**1.** Den Backofen vorheizen.
Ober-/Unterhitze: etwa 180 °C, Heißluft: etwa 160 °C

**2.** Für den Teig Marzipan-Rohmasse grob raspeln. Ei und Eiweiß mit einem Mixer (Rührstäbe) auf höchster Stufe in etwa 1 Minute schaumig schlagen. Zucker und Salz in 1 Minute einstreuen, dann noch etwa 2 Minuten schlagen.

**3.** Mehl mit Zimt und Kardamom mischen und kurz auf niedrigster Stufe unterrühren. Gemahlene Mandeln und Marzipanraspel kurz unterrühren.

**4.** Mit einem angefeuchteten Teelöffel 25 gleich große Portionen der Teigmasse abstechen und zwischen den Handflächen zu Kugeln rollen. Die Kugeln mit soviel Abstand auf 3 Backbleche (mit Backpapier belegt) legen, dass die Lollistiele oder Holzspatel noch eingeschoben werden können.

**5.** Je einen hitzebeständigen Lollistiel oder Holzspatel bis zur Mitte in die Teigkugeln stecken. Die Kugeln mit angefeuchteten Fingern etwas flach drücken, sodass dicke Taler entstehen.

**6.** Die Backbleche nacheinander (bei Heißluft zusammen) in den vorgeheizten Backofen schieben. Die Cake Pops **15–20 Minuten je Backblech backen.**

**7.** Die Backbleche auf Kuchenroste stellen. Die Cake Pops darauf erkalten lassen.

**8.** Zum Garnieren in der Zwischenzeit die Mandeln in einer Pfanne ohne Fett unter Wenden goldbraun rösten, auf einen Teller geben und erkalten lassen.

**9.** Beide Schokoladensorten in kleine Stücke brechen. Die Schokoladenstücke mit dem Kokosfett im Wasserbad (siehe Ratgeber S. 91) schmelzen.

**10.** Die Cake Pops mit dem Schokoladenguss bestreichen, von beiden Seiten mit Mandeln bestreuen und auf 1 Stück Backpapier legen. Den Guss trocknen lassen.

# Cookie Pops 8–10 Stück

**PRO STÜCK:** E: 2 g, F: 16 g, Kh: 27 g, kJ: 1097, kcal: 261, BE: 2,5
**ZUBEREITUNGSZEIT:** 45 Minuten, ohne Kühlzeit

### FÜR DIE CAKE-POP-MASSE:

**70 g** Butter oder Margarine (zimmerwarm)

**150 g** Butterkekse

**1 EL** Himbeer- oder Aprikosenkonfitüre

### ZUM GARNIEREN:

**125 g** Kuchenglasur Haselnuss
**1 EL** Schokostreusel
**1 EL** Haselnuss-Krokant
**1 EL** bunte Zuckerstreusel
**1 EL** Schokoperlen
**1 EL** feine Kokosraspel

**1** großer Gefrierbeutel

**1.** Für die Cake-Pop-Masse Butter oder Margarine zerlassen und etwas abkühlen lassen. Die Butterkekse in den Gefrierbeutel geben. Den Beutel fest verschließen und die Butterkekse mit einer Teigrolle fein zerbröseln. Die Brösel in eine Rührschüssel geben.

**2.** Die flüssige Butter oder Margarine mit der Konfitüre zu den Bröseln geben. Die Zutaten gut miteinander verrühren. Dann mit den Händen kurz durchkneten, bis ein glatter und formbarer Teig entstanden ist. Den Teig etwa 30 Minuten in den Kühlschrank stellen.

**3.** Die Cake-Pop-Masse in 8–10 gleich große Portionen teilen. Jede Portion zwischen den Handflächen zu einer Kugel (Ø etwa 4 cm) rollen. Die Kekskugeln auf einen Teller (mit Backpapier belegt) legen und in den Kühlschrank stellen.

**4.** Kuchenglasur nach Packungsanleitung schmelzen. Die Lollistiele 2–3 cm tief in die flüssige Glasur tauchen, dann in die Kekskugeln stecken. Die Cake Pops etwa 30 Minuten in den Kühlschrank legen.

**5.** In der Zwischenzeit Streusel, Krokant, Schokoperlen und Kokosraspel, getrennt nach Sorten, in kleinen Schälchen verteilen.

**6.** Die Kuchenglasur nochmals schmelzen, dann in eine kleine Schale umfüllen. Die Cake Pops an den Stielen in die Glasur tauchen, etwas abtropfen lassen, kopfüber von allen Seiten in Streuseln wälzen und dann mit den Stielen in ein Stück Styropor stecken. Glasur trocknen lassen.

**Tipp:** 1 Esslöffel Streusel reicht für etwa 2 Cake Pops.

# Garnierlust

# Mokkabohnen-Pops 18 Stück

**PRO STÜCK:** E: 2 g, F: 8 g, Kh: 22 g, kJ: 720, kcal: 172, BE: 2,0
**ZUBEREITUNGSZEIT:** etwa 1 Stunde, ohne Kühlzeit
**BACKZEIT:** etwa 15 Minuten je Backblech

**FÜR DEN TEIG:**
**200 g** Weizenmehl
**2 gestr. EL** gesiebter Backkakao
**50 g** Speisestärke
**1 Prise** Salz
**1 Pck.** Dr. Oetker Vanillin-Zucker
**10 g** Instant-Espressopulver
**130 g** Zucker
**1** Ei (Größe M)
**150 g** Butter oder Margarine

**FÜR DIE FÜLLUNG:**
**12** Karamell-Sahne-Bonbons

**1–2 gestr. TL** Backkakao zum Bestäuben

**1.** Für den Teig Mehl mit Kakao und Speisestärke mischen. Restliche Zutaten hinzufügen, mit einem Mixer (Knethaken) zunächst kurz auf niedrigster, dann auf höchster Stufe gut durcharbeiten.

**2.** Anschließend auf einer leicht bemehlten Arbeitsfläche kurz zu einem Teig verkneten. Den Teig zu einer Rolle formen, dann in Frischhaltefolie gewickelt mindestens 1 Stunde in den Kühlschrank legen.

**3.** Den Backofen vorheizen.
Ober-/Unterhitze: etwa 180 °C, Heißluft: etwa 160 °C

**4.** Für die Füllung jedes Bonbon quer in 3 gleich große Stücke schneiden, dabei evtl. das Messer leicht anfeuchten. Die Teigrolle in 36 gleich große Scheiben schneiden. Jede Teigscheibe zwischen den Handflächen zu einer Kugel rollen und in die Mitte ein Loch drücken. Jeweils 1 Bonbon-Stück hineindrücken, dann den Teig wieder zur Kugel schließen.

**5.** Jeweils 2 Kugeln dicht nebeneinander auf 2 Backbleche (mit Backpapier belegt) legen. Mit einem Messerrücken eine leichte Kerbe in die Kugeln drücken. Die Backbleche nacheinander (bei Heißluft zusammen) in den vorgeheizten Backofen schieben. Die Mokkabohnen **etwa 15 Minuten je Backblech backen.**

**6.** Die Backbleche auf Kuchenroste stellen und die Mokkabohnen etwa 5 Minuten abkühlen lassen. Dann jeweils 2 nebeneinander liegende Mokkabohnen auf 1 Lollistiel stecken. Mokkabohnen am Stiel auf den Backblechen erkalten lassen. Dann mit Kakaopulver bestäubt servieren.

doppelt lecker

# Earl-Grey-Pralinen-Pops 20–22 Stück

**PRO STÜCK:** E: 2 g, F: 12 g, Kh: 12 g, kJ: 667, kcal: 159, BE: 1,0
**ZUBEREITUNGSZEIT:** 1 ½ Stunden, ohne Zieh- und Kühlzeit

**FÜR DIE CAKE-POP-MASSE:**
**200 g** Schlagsahne
**1 EL** loser Earl-Grey-Tee
**180 g** Zartbitter-Kuvertüre
**25 g** Butter
**75 g** getrocknete Ananasstücke
**50 g** Schokoladenkekse

**ZUM GARNIEREN:**
**150 g** Zartbitter-Kuvertüre
**75 g** Kuchenglasur Dunkel
**1 EL** loser Earl-Grey-Tee

**1** Gefrierbeutel

**1.** Für die Cake-Pop-Masse Sahne in einem Topf zum Kochen bringen. Topf von der Kochstelle nehmen. Den Tee unterrühren und 8 Minuten darin ziehen lassen. Dann die Sahne durch ein Sieb in eine Schüssel gießen.

**2.** Kuvertüre fein hacken und in eine Schüssel geben. Die Sahne nochmals erwärmen und über die Kuvertüre gießen. So lange rühren, bis die Kuvertüre geschmolzen ist. Zuletzt Butter in Stückchen hinzugeben und weiterrühren, bis keine Butterstückchen mehr zu sehen sind. Kuvertüresahne auf Zimmertemperatur abkühlen lassen.

**3.** Inzwischen Ananas in etwa 4 mm kleine Würfel schneiden. Kekse in einen Gefrierbeutel geben. Den Beutel fest verschließen und die Kekse mit einer Teigrolle grob zerbröseln. Sobald die Kuvertüresahne anfängt fest zu werden, Ananasstücke und Keksbrösel mit einem Teigschaber unterheben.

**4.** Anschließend die Cake-Pop-Masse zwischen den Handflächen zu Kugeln rollen (je etwa 25 g) und auf ein Backblech (mit Backpapier belegt) legen.

**5.** Zum Garnieren Kuvertüre und Kuchenglasur fein hacken und zusammen im Wasserbad schmelzen (siehe Ratgeber S. 91). Die Lollistiele etwa 2 cm tief in die Glasur tauchen, dann in die Pralinenkugeln stecken. Die Cake Pops etwa 30 Minuten in den Kühlschrank legen.

**6.** Die Glasur nochmals im warmen Wasserbad schmelzen. Die Cake Pops an den Stielen in die Glasur tauchen, etwas abtropfen lassen, dann mit den Stielen in ein Stück Styropor stecken. Die noch feuchten Cake Pops mit etwas Earl-Grey-Tee bestreuen. Die Glasur trocknen lassen.

„backfrei“

# Schoko-Apfel-Pops 24 Stück

**PRO STÜCK:** E: 3 g, F: 18 g, Kh: 26 g, kJ: 1155, kcal: 276, BE: 2,0
**ZUBEREITUNGSZEIT:** 1 ½ Stunden, ohne Kühlzeit
**BACKZEIT:** etwa 20 Minuten

**FÜR DIE CAKE-POP-MASSE:**

**150 g** Butter (zimmerwarm)
**120 g** Zucker
**1 Prise** Salz
**3** Eier (Größe M)
**200 g** kleine Apfelstückchen (geschält)
**120 g** Weizenmehl
**50 g** gem. Mandeln
**1 gestr. TL** Dr. Oetker Backin
**1 Msp.** gem. Zimt

**½ Pck. (20 g)** Dr. Oetker Pudding-Pulver Vanille-Geschmack
**1 gestr. EL** Zucker
**200 ml** Apfelsaft
**100 g** Butter (zimmerwarm)
**1 EL** Puderzucker

**ZUM GARNIEREN:**

**400 g** gehackte weiße Kuvertüre
**30 g** Pflanzenfett (zum Braten, Frittieren und Kochen– in Stücke geschnitten)
**2 EL** Speiseöl, z. B. Sonnenblumenöl
**5 EL** rosa Zuckerkristalle
**24** Esspapierblüten

**1** Springform (Ø 26 cm)

**1.** Den Backofen vorheizen.
Ober-/Unterhitze: etwa 200 °C, Heißluft: etwa 180 °C

**2.** Butter sowie Zucker und Salz mit einem Mixer (Rührstäbe) erst kurz auf niedrigster, dann auf höchster Stufe 5 Minuten schlagen. Nach und nach die Eier unterrühren (jedes Ei etwa ½ Minute). Die Äpfel unterheben.

**3.** Mehl mit Mandeln, Backpulver und Zimt mischen, unter die Eier-Fett-Masse heben. Den Teig in einer Springform (Ø 26 cm, Boden gefettet, mit Backpapier belegt) glatt streichen. Die Form auf dem Rost in den vorgeheizten Backofen schieben. Den Kuchen **etwa 20 Minuten backen.** Die Form auf einen Kuchenrost stellen. Den Apfelkuchen erkalten lassen.

**4.** Inzwischen aus Pudding-Pulver, Zucker und Saft einen Pudding nach Packungsanleitung – aber mit den hier angegebenen Zutaten und Mengen – zubereiten, in eine Schüssel geben. Frischhaltefolie direkt auf die Oberfläche legen. Pudding auf Zimmertemperatur abkühlen lassen.

**5.** Butter mit Puderzucker cremig aufschlagen. Den vorbereiteten Pudding esslöffelweise unterrühren, dabei darauf achten, dass Butter und Pudding Zimmertemperatur haben, da die Creme sonst gerinnt.

**6.** Kuchen mit den Händen in eine Rührschüssel bröseln. Buttercreme mit dem Mixer (Knethaken) auf niedrigster Stufe so lange unterkneten, bis alles gut verbunden ist. Aus der Cake-Pop-Masse zwischen den Handflächen Kugeln rollen (je etwa 40 g) und auf ein Backblech (mit Backpapier belegt) legen.

**7.** Zum Garnieren Kuvertüre, Pflanzenfett und Öl im Wasserbad schmelzen (siehe Ratgeber S. 91). Die Lollistiele 3–4 cm tief in den Guss tauchen, dann in die Teigkugeln stecken. Cake Pops 30 Minuten in den Kühlschank legen.

**8.** Den Guss nochmals im warmen Wasserbad schmelzen. Cake Pops an den Stielen hineintauchen, etwas abtropfen lassen, mit Zuckerkristallen bestreuen. Dann mit den Stielen in das Stück Styropor stecken. Je eine Esspapierblüte vorsichtig in den fast getrockneten Guss drücken. Den Guss trocknen lassen.

**Tipp:** Die Cake Pops mit Raspelschokolade bestreuen.

# Hefehäschen 12 Stück

**PRO STÜCK:** E: 4 g, F: 3 g, Kh: 30 g, kJ: 686, kcal: 164, BE: 2,5
**ZUBEREITUNGSZEIT:** 1 Stunde, ohne Teiggeh- und Abkühlzeit
**BACKZEIT:** 15–20 Minuten je Backblech

### FÜR DEN HEFETEIG:

**270 g** Weizenmehl
**1 Pck.** Dr. Oetker Trockenbackhefe
**1 gestr. EL** flüssiger Honig
**2 gestr. EL** Zucker
**150 ml** lauwarme Milch (1,5 % Fett)
**1** Eigelb (Größe M)
**1 Prise** Salz
**30 g** Butter oder Margarine (zimmerwarm)

### ZUM GARNIEREN:

**1** Eiweiß (Größe M)
**1 TL** Wasser
**2 EL** Hagelzucker
**80 g** Puderzucker
**etwa 1 EL** Zitronensaft
**etwas** Zuckerschrift (rot)

**1.** Für den Teig Mehl in eine Rührschüssel geben und mit Trockenbackhefe sorgfältig vermischen. Honig, Zucker, Milch, Eigelb, Salz und Butter oder Margarine hinzufügen. Die Zutaten mit einem Mixer (Knethaken) zunächst kurz auf niedrigster, dann auf höchster Stufe in etwa 5 Minuten zu einem glatten Teig verarbeiten. Den Teig zugedeckt so lange an einem warmen Ort gehen lassen, bis er sich sichtbar vergrößert hat.

**2.** Den Teig auf einer leicht bemehlten Arbeitsfläche nochmals kurz durchkneten, dann zu einer Rolle (etwa 24 cm lang) formen. Die Teigrolle in 12 gleich große Scheiben schneiden, diese jeweils zu etwa 20 cm langen Strängen rollen. Dabei sollen die Teigstränge in der Mitte ein dickeres Stück haben (etwa 4 cm lang) und zu den Enden hin etwas flacher werden.

**3.** Den Backofen vorheizen.
Ober-/Unterhitze: etwa 200 °C, Heißluft: etwa 180 °C

**4.** Die dünnen Enden jedes Teigstranges so übereinanderschlagen, dass die Enden die Hasenohren ergeben und die dicke Mitte den Kopf. Die Teighäschen auf 2 Backbleche (mit Backpapier belegt) legen und etwa 10 Minuten ruhen lassen. Den Kopf anschließend evtl. etwas nachformen (durch das Aufgehen des Teiges beim Backen schließen sich jedoch vorhandene Teiglücken).

**5.** Zum Garnieren Eiweiß mit Wasser verschlagen. Die Häschen damit bestreichen. Die Enden der Ohren mit Hagelzucker bestreuen. Die Backbleche nacheinander (bei Heißluft zusammen) in den vorgeheizten Backofen schieben. Die Hefehäschen **15–20 Minuten je Backblech backen.**

**6.** Die Hefehäschen mit dem Backpapier von den Backblechen auf Kuchenroste ziehen und erkalten lassen. Die Holzspatel oder Lollistiele mindestens bis zur Mitte in die Hefehäschen stecken.

**7.** Den Puderzucker mit soviel Zitronensaft verrühren, dass ein dickflüssiger Guss entsteht. Den Guss in einen kleinen Gefrierbeutel füllen und eine kleine Ecke abschneiden. Augen, Nasen und Barthaare mit dem Guss auf die Hasen spritzen. Den Guss trocknen lassen. Dann mit der Zuckerschrift auf Nasen und Augen jeweils einen farbigen Klecks geben. Zuckerschrift trocknen lassen.

# Äpfel & Birnen 12–14 Stück

**PRO STÜCK:** E: 3 g, F: 11 g, Kh: 21 g, kJ: 823, kcal: 196, BE: 2,0
**ZUBEREITUNGSZEIT:** 2 Stunden, ohne Kühlzeit

**FÜR DIE CAKE-POP-MASSE:**

**200 g** Vollkorn-Haferflockenkekse
**100 g** Doppelrahm-Frischkäse
**50 g** Apfelkraut oder Birnenkonfitüre (aus dem Glas)

**ZUM GARNIEREN:**

**180 g** Schmelzdrops (grün)
**25 g** Marzipan-Rohmasse
**1 EL** gesiebter Backkakao
**12–14** vorbereitete kleine Zitronenmelisseblättchen

**1** unbenutzte Zahnbürste
**1** Gefrierbeutel

**1.** Für die Cake-Pop-Masse Kekse in einen Gefrierbeutel geben. Den Beutel fest verschließen. Die Kekse mit einer Teigrolle fein zerbröseln. Frischkäse mit Apfelkraut oder Birnenkonfitüre gut verrühren, Keksbrösel hinzugeben. Dann die Zutaten mit einem Mixer (Knethaken) auf niedrigster Stufe so lange verkneten, bis sich die Brösel mit der Creme verbunden haben. Die Cake-Pop-Masse zwischen den Handflächen erst zu Kugeln rollen (je etwa 30 g), dann daraus Äpfel und Birnen formen und auf ein Backblech (mit Backpapier belegt) legen.

**2.** Zum Garnieren Schmelzdrops nach Packungsanleitung schmelzen. Die Lollistiele etwa 2 cm tief hineintauchen, dann von unten in die Äpfel und Birnen stecken. Die Cake Pops etwa 30 Minuten in den Kühlschank legen.

**3.** Marzipan mit ½ Teelöffel Kakao braun einfärben. Daraus kleine Stiele für die Marzipan-Früchte formen.

**4.** Die grüne Glasur nochmals schmelzen. Cake Pops an den Stielen hineintauchen, etwas abtropfen lassen, dann mit den Stielen in ein Stück Styropor stecken. Kurz bevor die Glasur getrocknet ist, die Marzipanstiele hineinstecken. Nach Belieben abgespülte, trocken getupfte Zitronenmelisseblättchen dicht an den Stielen „festkleben".

**5.** Restlichen Kakao mit einigen Tropfen Wasser zu einer dickflüssigen Masse verrühren. Die Zahnbürste in die Kakaomasse tunken, dann so mit dem Zeigefinger darüber streichen, dass die Kakaomasse in kleinen Pünktchen auf die Äpfel und Birnen spritzt. Glasur trocknen lassen.

**Tipp:** Die Cake Pops sind in Frischhaltefolie gewickelt an einem kühlen Ort 2–3 Tage haltbar.

# Erntezeit

# Sweet Red Roses 24 Stück

**PRO STÜCK:** E: 7 g, F: 21 g, Kh: 27 g, kJ: 1343, kcal: 322, BE: 2,0
**ZUBEREITUNGSZEIT:** 3–4 Stunden, ohne Kühlzeit
**BACKZEIT:** etwa 25 Minuten

**FÜR DIE CAKE-POP-MASSE:**

**2** Eier (Größe M)
**1 Prise** Salz
**80 g** Zucker
**150 g** gem. Haselnusskerne
**50 g** Weizenmehl
**1 gestr. TL** Dr. Oetker Backin
**1 Prise** gem. Zimt
**175 g** vorbereitete Möhrenraspel (von etwa 200 g Möhren)

**175 g** Frischkäse (etwa 17 % Fett)
**25 g** Puderzucker

**ZUM GARNIEREN:**

**250 g** Kuchenglasur Zitrone
**725 g** Marzipan-Rohmasse
**etwa** Speisefarbenpaste (rot)
**etwas** Puderzucker

**1** Springform (Ø 26 cm)
**1** großer Gefrierbeutel

**1.** Den Backofen vorheizen.
Ober-/Unterhitze: etwa 180 °C, Heißluft: etwa 160 °C

**2.** Für die Cake-Pop-Masse Eier und Salz mit einem Mixer (Rührstäbe) auf höchster Stufe dickcremig aufschlagen, dabei den Zucker einrieseln lassen. Nüsse mit Mehl, Backpulver und Zimt gut vermischen, zusammen mit den Möhrenraspeln unter die Eiermasse heben.

**3.** Den Teig in die Springform (Boden gefettet, mit Backpapier belegt) geben und glatt streichen. Die Form auf dem Rost in den vorgeheizten Backofen schieben. Den Kuchen **etwa 25 Minuten backen.**

**4.** Die Form auf einen Kuchenrost stellen. Den Kuchen etwas abkühlen lassen. Dann aus der Form lösen und auf dem Kuchenrost erkalten lassen.

**5.** Frischkäse mit Puderzucker gut verrühren. Den Kuchen in einer Rührschüssel mit den Händen zerbröseln. Frischkäsemasse mit einem Teigschaber sorgfältig unterarbeiten. Die Cake-Pop-Masse zwischen den Handflächen zu Kugeln (je etwa 25 g) rollen und auf ein Backblech (mit Backpapier belegt) legen.

**6.** Zum Garnieren Kuchenglasur nach Packungsanleitung schmelzen. Lollistiele 2–3 cm tief in die Glasur tauchen, dann in die Teigkugeln stecken. Die Cake Pops etwa 30 Minuten in den Kühlschrank legen.

**7.** Restliche Kuchenglasur nochmals schmelzen, dann in eine kleine Schale geben. Cake Pops an den Stielen in die Glasur tauchen, etwas abtropfen lassen und mit den Stielen in ein Stück Styropor stecken. Glasur trocknen lassen.

# Liebesbotschaft

**8.** Marzipan mit Speisefarbe rot verkneten. Gefrierbeutel an den Seiten aufschneiden. Für jede Rose auf einer leicht mit Puderzucker bestäubten Arbeitsfläche zunächst 1 Rolle (je 12 cm lang, 6 mm dick) sowie 4 Marzipankugeln (je 6 g) formen. Rolle und Kugeln zwischen die Gefrierbeutelfolie legen.

**9.** Die Rolle mit dem Handballen zur Hälfte flach drücken, dann zu einer Schnecke aufrollen (Foto 1).

**10.** Die Kugeln komplett sehr flach zu Rosenblättern drücken. Die Schnecke auf den Cake Pop setzen. Dann die Rosenblätter außen so darumlegen, dass eine Blüte entsteht (Foto 2). Auf diese Weise alle Rosen herstellen.

**Tipp:** Die Cake Pops halten sich in Frischhaltefolie gewickelt oder in gut schließenden Dosen verpackt an einem kühlen Ort 3–4 Tage.

1

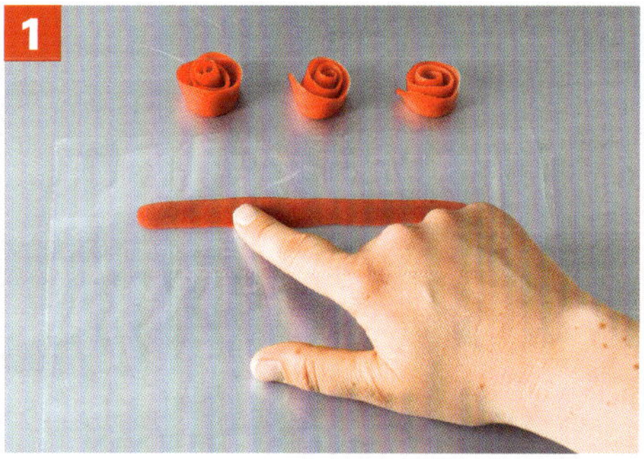

2

# Süße Kugelspieße 8 Stück

**PRO STÜCK:** E: 5 g, F: 9 g, Kh: 33 g, kJ: 969, kcal: 231, BE: 2,5
**ZUBEREITUNGSZEIT:** 40 Minuten, ohne Teiggehzeit
**BACKZEIT:** 15–20 Minuten je Backblech

### FÜR DEN HEFETEIG:

**200 g** Weizenmehl
**½ Pck.** Dr. Oetker Trockenbackhefe
**1 EL** Zucker
**2 Pck.** Dr. Oetker Vanillin-Zucker
**1 Prise** Salz
**50 g** Butter oder Margarine (zimmerwarm)
**1** Ei (Größe M)
**50 ml** lauwarme Milch (1,5 % Fett)

### FÜR DIE FÜLLUNG:

**5** getrocknete Soft-Aprikosen
**1 TL** Butter (zimmerwarm)
**30 g** Haselnuss-Krokant

### ZUM GARNIEREN:

**1** Eigelb
**1 EL** Milch
**1 Prise** Salz
**etwa 4 TL** Hagelzucker

**1.** Für den Teig Mehl mit Trockenbackhefe sorgfältig vermischen. Restliche Zutaten hinzufügen, mit einem Mixer (Knethaken) zunächst kurz auf niedrigster, dann auf höchster Stufe in etwa 5 Minuten zu einem glatten Teig verarbeiten. Den Teig zugedeckt so lange an einem warmen Ort gehen lassen, bis er sich sichtbar vergrößert hat.

**2.** Für die Füllung Aprikosen in sehr kleine Stücke schneiden und mit der Butter in eine Schüssel geben. Aprikosenstücke und Butter mit einer Gabel verkneten.

**3.** Den Teig auf einer leicht bemehlten Arbeitsfläche nochmals kurz durchkneten, in 3 gleich große Portionen teilen, dann nochmals in je 8 gleich große Stücke teilen.

**4.** Auf der leicht bemehlten Arbeitsfläche 8 Teigstücke zwischen den Handflächen zu Kugeln rollen. 8 weitere Teigstücke zu Scheiben (Ø je etwa 7 cm) formen. Auf jede Teigscheibe einen Klecks von der Aprikosenmasse geben, dann den Teig über der Aprikosenmasse zusammendrücken und jeweils zu einer Kugel formen.

**5.** Die restlichen 8 Teigstücke ebenfalls zu Scheiben (Ø je etwa 7 cm) formen. Haselnuss-Krokant daraufgeben und wie zuvor beschrieben zu Kugeln formen.

**6.** Den Backofen vorheizen.
Ober-/Unterhitze: etwa 180 °C, Heißluft: etwa 160 °C

**7.** Jeweils 3 verschiedene Teigkugeln auf einen hitzebeständigen Lollistiel stecken. Teigspieße auf 1–2 Backbleche (mit Backpapier belegt) legen. Die Kugelspieße zugedeckt an einem warmen Ort so lange gehen lassen, bis sich die Teigkugeln sichtbar vergrößert haben.

**8.** Zum Garnieren Eigelb mit Milch und Salz verschlagen. Die Teigkugeln damit bestreichen und nach Belieben mit Hagelzucker bestreuen. Die Backbleche nacheinander (bei Heißluft zusammen) in den vorgeheizten Backofen schieben. Kugelspieße **15–20 Minuten je Backblech backen.**

**9.** Die Kugelspieße mit dem Backpapier von den Backblechen auf Kuchenroste ziehen und erkalten lassen.

# Hexenhüte 12 Stück

**PRO STÜCK:** E: 9 g, F: 15 g, Kh: 25 g, kJ: 1128, kcal: 270, BE: 2,0
**ZUBEREITUNGSZEIT:** 2 Stunden, ohne Kühlzeit
**BACKZEIT:** etwa 15 Minuten

**FÜR DIE CAKE-POP-MASSE:**

**25 g** zerlassene Butter
**75 g** Zucker
**1 Prise** Salz
**1** Ei (Größe M)
**40 g** Weichweizengrieß
**250 g** Magerquark

**ZUM GARNIEREN:**

**375 g** Marzipan-Rohmasse
**1 EL** gesiebter Backkakao
**etwas** Speisefarbe (grün, rot und blau)
**evtl. 1–2 TL** Doppelrahm-Frischkäse
**etwas** Puderzucker
**50 g** Vollmilch-Schokoladenstückchen (etwa 30 % Kakaoanteil)

**1** Springform (Ø 20–24 cm)
**evtl. 1** Holzstäbchen (Schaschlikspieß)

**1.** Den Backofen vorheizen.
Ober-/Unterhitze: etwa 200 °C, Heißluft: etwa 180 °C

**2.** Für die Cake-Pop-Masse zerlassene Butter und die restlichen Zutaten mit einem Mixer (Rührstäbe) auf mittlerer Stufe in etwa 2 Minuten verrühren. Den Teig in der Springform (Boden gefettet, gemehlt) glatt streichen. Die Form auf dem Rost in den vorgeheizten Backofen schieben. Den Kuchen **etwa 15 Minuten backen.** Die Form auf einen Kuchenrost stellen. Kuchen erkalten lassen.

**3.** Zum Garnieren 300 g Marzipan mit dem Kakao braun einfärben. Restliches Marzipan mit Speisefarbe je zur Hälfte grün und lila (mit etwas Rot und Blau) einfärben.

**4.** Den Kuchen mit den Händen in eine Rührschüssel bröseln, dann zu einem Teig verkneten. Sollte er zu bröselig sein, etwas Frischkäse unterkneten. Daraus 12 gleich große Kegel formen, auf ein Tablett (mit Backpapier belegt) setzen und etwa 30 Minuten in den Kühlschrank stellen.

**5.** Braunes Marzipan inzwischen auf einer leicht mit Puderzucker bestäubten Arbeitsfläche zu einem Rechteck (etwa 1 ½ mm dick) ausrollen, in 12 Streifen schneiden, die jeweils so breit sind wie die Kuchenkegel hoch. Jeden Kegel in einen Marzipanstreifen hüllen, etwas andrücken. Überstehendes Marzipan abschneiden. Restliches Marzipan erneut zu einer Platte (etwa 2 ½ mm dick) ausrollen. Daraus 12 Kreise (Ø 6 cm) ausstechen.

**6.** Die Schokolade im Wasserbad schmelzen (siehe Ratgeber S. 91). Jede Kegel-Unterseite mit etwas Schokolade bestreichen, dann so auf die Marzipankreise setzen, dass Hutkrempen entstehen. Schokolade trocknen lassen.

## zur Walpurgisnacht

**7.** Lilafarbenes und grünes Marzipan zwischen Frischhaltefolie ausrollen (etwa 1 ½ mm dick). Daraus Rechtecke, dünne Streifen und Hutschnallen ausschneiden, nach Belieben mit einem Holzstäbchen prägen. Die Garnierungen mit etwas Wasser auf die Hüte „kleben".

**8.** Schokolade nochmals im Wasserbad schmelzen. Die Lolliestiele 2–3 cm hineintauchen, dann von unten in die Hüte stecken. Die Cake Pops mit den Stielen in ein Stück Styropor stecken. Schokolade trocknen lassen.

# Maulwurf-Pops (Vorwortfoto) 24 Stück

**PRO STÜCK:** E: 3 g, F: 16 g, Kh: 19 g, kJ: 989, kcal: 236, BE: 1,5
**ZUBEREITUNGSZEIT:** 2–3 Stunden, ohne Kühlzeit
**BACKZEIT:** etwa 25 Minuten

**FÜR DIE CAKE-POP-MASSE:**

**200 g** Schlagsahne
**2 geh. TL** Instant-Kaffeepulver
**150 g** klein gehackte Zartbitter-Kuvertüre

**150 g** Butter (zimmerwarm)
**125 g** Zucker
**1 Prise** Salz
**3** Eier (Größe M)
**150 g** Weizenmehl
**20 g** Backkakao
**1 gestr. TL** Dr. Oetker Backin

**ZUM GARNIEREN:**

**200 g** gehackte Zartbitter-Kuvertüre
**25 g** Pflanzenfett (zum Braten, Frittieren und Kochen – in Stücke geschnitten)
**100 g** Marzipan-Rohmasse (für 5 Maulwürfe)
**etwas** Puderzucker
schwarze Speisefarbe

**1** Springform (Ø 26 cm)
**1** Holzstäbchen (Schaschlikspieß)

**1.** Sahne zum Kochen bringen. Den Topf von der Kochstelle nehmen, Kaffeepulver unterrühren. Kuvertüre mit einem Schneebesen solange unterrühren, bis sie geschmolzen ist, dann in einer Rührschüssel erkalten lassen. Zugedeckt 45 Minuten in den Kühlschrank stellen.

**2.** Den Backofen vorheizen.
Ober-/Unterhitze: etwa 180 °C, Heißluft: etwa 160 °C

**3.** Butter, Zucker und Salz mit einem Mixer (Rührstäbe) zunächst kurz auf niedrigster, dann auf höchster Stufe 4 Minuten schaumig schlagen. Nach und nach die Eier unterrühren (jedes Ei etwa ½ Minute). Mehl mit Kakao und Backpulver mischen, auf die Eier-Fett-Masse sieben und mit einem Schneebesen unterheben.

**4.** Den Teig in der Springform (Boden gefettet, mit Backpapier belegt) glatt streichen. Die Form auf dem Rost in den vorgeheizten Backofen schieben. Den Kuchen **etwa 25 Minuten backen.**

**5.** Die Form auf einen Kuchenrost stellen. Den Kuchen etwas abkühlen lassen. Dann aus der Form lösen und auf dem Kuchenrost erkalten lassen.

**6.** Den Kuchen in einer Rührschüssel mit den Händen fein zerbröseln. 100 g Brösel beiseitelegen. Die kalte Kuvertüresahne mit dem Mixer (Rührstäbe) auf mittlerer Stufe kurz schaumig schlagen. Kuchenbrösel unterheben. Die Masse zwischen den Handflächen zu Kugeln (je etwa 25 g) rollen, auf ein Backblech (mit Backpapier belegt) legen.

**7.** Zum Garnieren Kuvertüre und Pflanzenfett zusammen im Wasserbad schmelzen (siehe Ratgeber S. 91).

**8.** Die Lollistiele etwa 2 cm tief in die Kuvertüre tauchen, dann in die Teigkugeln stecken. Die Cake Pops etwa 30 Minuten in den Kühlschank legen.

**9.** Kuvertüre nochmals schmelzen. Cake Pops an den Stielen hineintauchen, etwas abtropfen lassen, dann rundherum mit den beiseitegestellten Bröseln bestreuen. Cake Pops mit den Stielen in ein Stück Styropor stecken. Kuvertüre trocknen lassen.

**10.** Marzipan auf einer leicht mit Puderzucker bestäubten Arbeitsfläche mit Speisefarbe grau verkneten. Daraus 5 kleine Maulwurf-Köpfe und 10 Pfoten formen, mit dem Holzstäbchen prägen. Gesichter und Pfoten mit etwas Kuvertüre auf 5 Cake Pops „kleben“. Kuvertüre trocknen lassen.

# Schoko-Minz-Pops 24 Stück

**PRO STÜCK:** E: 2 g, F: 12 g, Kh: 17 g, kJ: 748, kcal: 178, BE: 1,5
**ZUBEREITUNGSZEIT:** 1 ½ Stunden, ohne Kühlzeit
**BACKZEIT:** etwa 20 Minuten

**FÜR DIE CAKE-POP-MASSE:**

**75 g** klein gehackte Zartbitter-Kuvertüre
**100 ml** Milch (1,5 %)
**60 g** Butter (zimmerwarm)
**60 g** Zucker
**1 Prise** Salz
**1** Ei (Größe M)
**1** Eigelb (Größe M)
**100 g** Weizenmehl
**10 g** Backkakao
**1 gestr. TL** Dr. Oetker Backin

**75 g** Butter (zimmerwarm)
**120 g** klein gehackte Pfefferminztaler

**ZUM GARNIEREN:**

**125 g** klein gehackte Kuchenglasur Dunkel
**75 g** klein gehackte Zartbitter-Kuvertüre
**75 g** fein geschabte Vollmilch-Schokolade
**einige** vorbereitete Pfefferminzblättchen

**1** Springform (Ø 26 cm)

**1.** Den Backofen vorheizen.
Ober-/Unterhitze: etwa 180 °C, Heißluft: etwa 160 °C

**2.** Kuvertüre mit der Milch unter ständigem Rühren zum Kochen bringen. Den Topf von der Kochstelle nehmen.

**3.** Butter, Zucker und Salz mit einem Mixer (Rührstäbe) zunächst kurz auf niedrigster, dann auf höchster Stufe 4 Minuten schaumig schlagen. Ei mit Eigelb unterschlagen. Mehl mit Kakao und Backpulver mischen, daraufsieben, mit einem Schneebesen unterheben. Heiße Kuvertüremilch unterrühren. Den Teig in der Springform (Boden gefettet, mit Backpapier belegt) glatt streichen. Die Form auf dem Rost in den vorgeheizten Backofen schieben. Kuchen **etwa 20 Minuten backen.**

**4.** Die Form auf einen Kuchenrost stellen. Den etwas abkühlten Kuchen aus der Form lösen, auf dem Kuchenrost erkalten lassen, dann in einer Rührschüssel zerbröseln.

**5.** Butter mit dem Mixer (Rührstäbe) auf mittlerer Stufe schaumig schlagen. Minztaler unterrühren. Die Brösel gut unterrühren, dann zwischen den Handflächen zu Kugeln rollen (je etwa 25 g) und auf ein Backblech (mit Backpapier belegt) legen.

**6.** Zum Garnieren Kuchenglasur und Kuvertüre im Wasserbad schmelzen (siehe Ratgeber S. 91). Die Lollistiele 2–3 cm tief hineintauchen, dann in die Teigkugeln stecken. Cake Pops etwa 30 Minuten in den Kühlschank legen.

**7.** Inzwischen die Glasur nochmals im Wasserbad schmelzen. Cake Pops an den Stielen hineintauchen, etwas abtropfen lassen, mit der geschabten Schokolade bestreuen.

**8.** Die Cake Pops mit den Stielen nach oben auf ein Stück Backpapier stellen, mit Pfefferminzblättchen garnieren. Glasur trocknen lassen.

# Germknödel-Pops 24 Stück

**PRO STÜCK:** E: 2 g, F: 9 g, Kh: 14 g, kJ: 623, kcal: 149, BE: 1,0
**ZUBEREITUNGSZEIT:** 1 ½ Stunden, ohne Kühlzeit
**BACKZEIT:** etwa 20 Minuten

**FÜR DIE CAKE-POP-MASSE:**
**100 g** Butter (zimmerwarm)
**80 g** Zucker
**1 Prise** Salz
**2** Eier (Größe M)
**100 g** Weizenmehl
**25 g** ganzer Mohnsamen
**1 gestr. TL** Dr. Oetker Backin

**1 geh. EL** Dr. Oetker Pudding-Pulver Vanille-Geschmack
**1 gestr. EL** Zucker
**150 ml** Milch (1,5 % Fett)
**2 EL** Powidl (Pflaumenmus)

**ZUM GARNIEREN:**
**200 g** klein gehackte weiße Kuvertüre
**25 g** Pflanzenfett (zum Braten, Frittieren und Kochen – in Stücke geschnitten)
**25 g** gem. Mohnsamen
**1 EL** Puderzucker

**1** Kastenform (30 x 11 cm)

1. Den Backofen vorheizen.
Ober-/Unterhitze: etwa 180 °C, Heißluft: etwa 160 °C

2. Butter, Zucker und Salz mit einem Mixer (Rührstäbe) kurz auf niedrigster, dann auf höchster Stufe 4 Minuten schaumig schlagen. Nach und nach die Eier unterrühren (jedes Ei etwa ½ Minute). Mehl mit Mohn und Backpulver mischen, unterheben. Teig in der Form (gefettet, gemehlt) glatt streichen. Form auf dem Rost in den vorgeheizten Backofen schieben. Kuchen **etwa 20 Minuten backen.**

3. Die Form auf einen Kuchenrost stellen. Den abgekühlten Kuchen aus der Form lösen, auf dem Rost erkalten lassen.

4. Aus Pudding-Pulver, Zucker und Milch einen Pudding nach Packungsanleitung – aber mit den hier angegebenen Mengen – zubereiten, in eine Schüssel geben. Frischhaltefolie auf die Oberfläche legen. Pudding abkühlen lassen.

5. Den Kuchen in einer Schüssel zerbröseln. Pudding und Powidl mit dem Mixer (Knethaken) auf niedrigster Stufe sorgfältig unterkneten. Die Masse zwischen den Handflächen zu Kugeln rollen (je etwa 30 g) und auf ein Backblech (mit Backpapier belegt) legen.

6. Zum Garnieren Kuvertüre und Pflanzenfett im Wasserbad schmelzen (siehe Ratgeber S. 91). Die Lollistiele etwa 2 cm tief hineintauchen, dann in die Teigkugeln stecken. Cake Pops etwa 30 Minuten in den Kühlschank legen.

7. Kuvertüre nochmals schmelzen. Cake Pops hineintauchen, etwas abtropfen lassen, in den Mohn drücken, mit den Stielen in ein Stück Styropor stecken. Cake Pops mit etwas Puderzucker bestäuben. Kuvertüre trocknen lassen.

nur echt mit Powidl

# Zitronen-Polenta-Pops (Titelrezept)

24 Stück

**PRO STÜCK:** E: 3 g, F: 14 g, Kh: 15 g, kJ: 825, kcal: 198, BE: 1,5
**ZUBEREITUNGSZEIT:** 1 Stunde, ohne Kühlzeit
**BACKZEIT:** etwa 6 Minuten

**FÜR DEN CAKE-POP-TEIG:**

½ kleine Zitrone (unbehandelt, ungewachst)
**150 g** Butter (zimmerwarm)
**120 g** brauner Zucker
**1 Prise** Salz
**3** Eier (Größe M)
**75 g** Polenta (Maisgrieß)
**75 g** Maismehl
**50 g** gem. Mandeln
**1 gestr. TL** Dr. Oetker Backin

**ZUM GARNIEREN:**

**2 Pck.** Kuchenglasur Zitrone
**100 g** geröstete, gehobelte Mandeln

**1.** Für den Teig die Zitronenhälfte heiß abwaschen, abtrocknen und die Schale fein abreiben. Butter, Zucker, Zitronenschale und Salz mit einem Mixer (Rührstäbe) zunächst kurz auf niedrigster, dann auf höchster Stufe 4 Minuten schaumig schlagen. Nach und nach die Eier unterrühren (jedes Ei etwa ½ Minute).

**2.** Polenta mit Maismehl, Mandeln und Backpulver mischen, unter die Eier-Fett-Masse heben.

**3.** Den Cake-Pop-Maker nach Herstelleranleitung kurz vorheizen. Die Mulden evtl. dünn mit Speiseöl auspinseln (Vorsicht: Das heiße Fett könnte spritzen!).

**4.** Den Teig in einen Spritzbeutel (mit großer Lochtülle) füllen. Anschließend in die Mulden des Cake-Pop-Makers spritzen. Die Cake Pops **etwa 6 Minuten backen.** Anschließend auf einem mit Backpapier belegten Kuchenrost erkalten lassen. Aus dem restlichen Teig weitere Teigkugeln backen und erkalten lassen.

**5.** Zum Garnieren 1 Päckchen Kuchenglasur nach Packungsanleitung schmelzen. Die Lollistiele 2 cm tief in die Glasur tauchen, dann in die Teigkugeln stecken. Die Cake Pops etwa 30 Minuten in den Kühlschank legen.

**6.** Die Kuchenglasurreste und das zweite Päckchen nach Packungsanleitung schmelzen, dann zusammen in eine kleine Schale geben. Cake Pops an den Stielen in die Glasur tauchen, etwas abtropfen lassen und in den gerösteten Mandeln wälzen. Die Cake Pops mit den Stielen in ein Stück Styropor stecken. Die Glasur trocknen lassen.

# im Mandelkleid – glutenfrei

# Frühlings-Pops (Titelrezept) 24 Stück

**PRO STÜCK:** E: 3 g, F: 14 g, Kh: 20 g, kJ: 897, kcal: 215, BE: 1,5
**ZUBEREITUNGSZEIT:** 2 ½ Stunden, ohne Zieh- und Kühlzeit
**BACKZEIT:** etwa 6 Minuten

**100 g** Kokosraspel

Schale und Saft von **1** Bio-Limette (unbehandelt, ungewachst)

**6 EL** Wasser

**FÜR DEN CAKE-POP-TEIG:**

**125 g** Butter (zimmerwarm)

**75 g** Zucker

**1 Prise** Salz

**2** Eier (Größe M)

**100 g** Weizenmehl

**1 gestr. TL** Dr. Oetker Backin

**ZUM GARNIEREN:**

**2 Pck.** Kuchenglasur Zitrone

**120 g** grüne Nonpareilles (Zuckerperlchen)

**120 g** Marzipan-Rohmasse

**etwas** Speisenfarbenpaste (gelb, rot, blau)

**etwas** Puderzucker

**etwa 50** weiße und dunkle Knusper-Perlen

**1.** Kokosraspel mit Limettenschale, -saft und Wasser mischen, etwa 10 Minuten ziehen lassen. Butter, Zucker und Salz mit einem Mixer (Rührstäbe) kurz auf niedrigster, dann auf höchster Stufe 4 Minuten schaumig schlagen. Nach und nach die Eier unterrühren (jedes Ei etwa ½ Minute). Mehl mit Backpulver mischen, daraufsieben, unterheben. Zuletzt Kokosraspel unterheben.

**2.** Den Cake-Pop-Maker nach Herstelleranleitung kurz vorheizen. Die Mulden evtl. dünn mit Speiseöl auspinseln (Vorsicht: Das heiße Fett könnte spritzen!).

**3.** Den Teig mit einem Spritzbeutel (mit großer Lochtülle) in die Cake-Pop-Maker-Mulden spritzen. Teigkugeln **etwa 6 Minuten backen,** dann auf einem Kuchenrost erkalten lassen. Restlichen Teig ebenso verarbeiten.

**4.** Zum Garnieren 1 Päckchen Glasur nach Packungsanleitung schmelzen. Lollistiele etwa 2 cm tief in die Glasur tauchen, dann in die Teigkugeln stecken. Die Cake Pops etwa 30 Minuten in den Kühlschank legen.

**5.** Restliche und zweites Päckchen Glasur schmelzen, in eine Schale geben. Cake Pops hineintauchen, gut abtropfen lassen. Kurz bevor die Glasur fest wird, die Cake Pops dicht mit Perlchen bestreuen, dann mit den Stielen in ein Stück Styropor stecken, trocknen lassen.

**6.** Marzipan halbieren. Eine Hälfte gelb, eine lila (mit Rot und etwas Blau) einfärben. Auf einer leicht mit Puderzucker bestäubten Arbeitsfläche dünn (etwa 2 mm) ausrollen. Unterschiedlich große Blümchen (Ø 1–2 cm) ausstechen, mit etwas Glasur auf die Cake Pops „kleben". In die Mitte je eine Knusperkugel „kleben".

# der Lenz ist da

# Kucheneis-Pops mit Schokokern 8 Stück

**PRO STÜCK:** E: 6 g, F: 29 g, Kh: 43 g, kJ: 1917, kcal: 458, BE: 3,5
**ZUBEREITUNGSZEIT:** etwa 30 Minuten, ohne Abkühl- und Trockenzeit
**BACKZEIT:** 15–20 Minuten

**FÜR DEN CAKE-POP-TEIG:**

**150 g** Butter oder Margarine (zimmerwarm)

**100 g** Zucker

**1 Pck.** Dr. Oetker Bourbon-Vanille-Zucker

**2** Eier (Größe M)

**130 g** Weizenmehl

**20 g** Speisestärke

**½ gestr. TL** Dr. Oetker Backin

**8** Vollmilch-Schokoladenschnitten (75 g)

**ZUM GARNIEREN:**

**150 g** Zartbitter-Schokolade (etwa 50 % Kakaoanteil

**5 g** Kokosfett

**etwa 3 TL** bunte Zuckerstreusel oder -perlen

**1** Kucheneisform (mit 8 Mulden)

**1.** Den Backofen vorheizen.
Ober-/Unterhitze: etwa 180 °C, Heißluft: etwa 160 °C

**2.** Für den Teig Butter oder Margarine mit einem Mixer (Rührstäbe) auf höchster Stufe geschmeidig rühren. Nach und nach Zucker und Vanille-Zucker unterrühren. So lange rühren, bis eine gebundene Masse entstanden ist.

**3.** Eier nach und nach unterrühren (jedes Ei etwa ½ Minute). Mehl mit Stärke und Backpulver mischen, auf mittlerer Stufe kurz unterrühren. Schokoschnitten längs halbieren.

**4.** Die Hälfte des Teiges in die Kucheneisform (gefettet, gemehlt) geben. Jeweils 2 Schokoladenhälften übereinander auf den Teig legen. Den restlichen Teig daraufgeben und vorsichtig glatt streichen. Die Form auf dem Rost in den vorgeheizten Backofen schieben. Kucheneis **15–20 Minuten backen.**

**5.** Die Form auf einen Kuchenrost stellen. Das Kucheneis etwa 5 Minuten abkühlen lassen. Anschließend aus den Mulden lösen. Je 1 Lollistiel oder Holzspatel bis zur Mitte in die Pops stecken, dann auf dem Kuchenrost erkalten lassen. Evtl. überstehende Gebäckkanten abschneiden.

**6.** Zum Garnieren Schokolade in kleine Stücke brechen und mit dem Kokosfett im Wasserbad schmelzen (siehe Ratgeber S. 91).

**7.** Die Cake Pops mit dem Guss bestreichen und in ein Stück Styropor stecken. Cake Pops mit Zuckerstreuseln oder -perlen bestreuen. Den Guss trocknen lassen.

## zum Knabbern

# Steinpilze 24 Stück

**PRO STÜCK:** E: 3 g, F: 11 g, Kh: 10 g, kJ: 635, kcal: 151, BE: 1,0
**ZUBEREITUNGSZEIT:** 2 Stunden, ohne Kühlzeit
**BACKZEIT:** etwa 5 Minuten

**FÜR DEN CAKE-POP-TEIG:**

**75 g** Butter oder Margarine (zimmerwarm)

**50 g** Zucker

**1 Prise** Salz

**1** Ei (Größe M)

**100 g** gem. Haselnusskerne

**25 g** Weizenmehl

**ZUM GARNIEREN:**

**240 g** Marzipan-Rohmasse

**125 g** Kuchenglasur Dunkel

**1 EL** gesiebter Backkakao

**1** Küchenpinsel

**1.** Für den Teig Butter oder Margarine, Zucker und Salz mit einem Mixer (Rührstäbe) kurz auf niedrigster, dann auf höchster Stufe 4 Minuten schaumig schlagen. Das Ei etwa ½ Minute unterrühren. Nüsse mit Mehl mischen und mit einem Schneebesen unterheben.

**2.** Den Cake-Pop-Maker nach Herstelleranleitung kurz vorheizen. Die Mulden evtl. dünn mit Speiseöl auspinseln (Vorsicht: Das heiße Fett könnte spritzen!).

**3.** Den Teig mit einem Spritzbeutel (mit großer Lochtülle) in die Cake-Pop-Maker-Mulden spritzen (die unteren Mulden sollen etwa zu drei Vierteln gefüllt sein). Die Halbkugeln **etwa 5 Minuten backen,** dann auf einem Kuchenrost erkalten lassen. Restlichen Teig ebenso verarbeiten.

**4.** Zum Garnieren Marzipan in 24 gleich große Portionen teilen. Jede Portion zu einer Art Tropfen formen. Die „Tropfen" dann jeweils als Pilzstiel, mit der dicken Seite nach unten, auf einen Lollistiel stecken. Dabei den Lollistiel oben etwa 1 ½ cm herausragen lassen.

**5.** Die Kuchenglasur nach Packungsanleitung schmelzen und in eine kleine, hitzebeständige Schale umfüllen. Die über die Pilzstiele herausragenden Teile der Lollistiele in die Glasur tauchen, dann in die halben Teigkugeln stecken. Die Pilze mit den Stielen in ein Stück Styropor stecken und etwa 30 Minuten in den Kühlschank stellen.

**6.** Die restliche Kuchenglasur nochmals schmelzen. Die Pilzköpfe bis zum Rand hineintauchen, etwas abtropfen lassen. Anschließend die Cake Pops wieder mit den Stielen in das Styroporstück stecken. Glasur trocknen lassen. Die Pilzköpfe mit etwas Kakao bepinseln.

**Tipps:** Sie können auch ganze Teigkugeln backen und diese nach dem Erkalten halbieren. Die Backzeit verlängert sich dann um ½–1 Minute. Die Cake Pops sind in Frischhaltefolie gewickelt oder in gut schließenden Dosen verpackt an einem kühlen Ort 3–4 Tage haltbar.

# Cupcake-Pops (Titelrezept) 24 Stück

**PRO STÜCK:** E: 2 g, F: 9 g, Kh: 13 g, kJ: 600, kcal: 143, BE: 1,0
**ZUBEREITUNGSZEIT:** 45 Minuten, ohne Kühlzeit
**BACKZEIT:** etwa 18 Minuten

**FÜR DEN CAKE-POP-TEIG:**

**100 g** Butter oder Margarine (zimmerwarm)

**80 g** Zucker

**1 Prise** Salz

**2** Eier (Größe M)

**100 g** Weizenmehl

**40 g** gem. Pistazienkerne

**1 gestr. TL** Dr. Oetker Backin

**2 EL** Preiselbeer-Dessert (aus dem Glas)

**FÜR DAS TOPPING:**

**200 g** Nuss-Nougat, klein geschnitten

**60 g** Butter (zimmerwarm)

**10 g** gehackte Pistazien

**1** Muffinform für 24 kleine Muffins

**24** kleine Muffin-Papierbackförmchen

**1** Spritzbeutel mit Sterntülle (Ø etwa 8 mm)

**1.** Den Backofen vorheizen.
Ober-/Unterhitze: etwa 180 °C, Heißluft: etwa 160 °C

**2.** Butter oder Margarine, Zucker und Salz mit einem Mixer (Rührstäbe) kurz auf niedrigster, dann auf höchster Stufe etwa 4 Minuten schaumig schlagen. Eier nach und nach unterrühren (jedes Ei etwa ½ Minute). Mehl mit Pistazien und Backpulver mischen, unterrühren. Zum Schluss die Preiselbeeren unterheben.

**3.** Den Teig in einen Gefrierbeutel geben, eine Ecke abschneiden. Den Teig in die Mulden der Muffinform (mit Papierbackförmchen ausgelegt) spritzen. Die Form auf dem Rost in den vorgeheizten Backofen schieben. Die Cupcakes **etwa 18 Minuten backen.**

**4.** Die Form auf einen Kuchenrost stellen. Cupcakes nach etwa 5 Minuten aus der Form lösen und auf dem Kuchenrost erkalten lassen.

**5.** Für das Topping Nougat im Wasserbad schmelzen (siehe Ratgeber S. 91). Mit einem spitzen Messer von unten je ein Loch in die Papierförmchen der Cupcakes stechen. Lolliestiele etwa 1 ½ cm tief in den Nougat tauchen, dann von unten in die Cupcakes stecken. Die Pops mit den Stielen nach oben auf einem Tablett (mit Backpapier belegt) etwa 30 Minuten in den Kühlschrank stellen.

**6.** Nougat nochmals schmelzen. Butter hinzugeben, mit dem Mixer (Rührstäbe) schaumig schlagen, dann in den Spritzbeutel füllen. Cupcake-Pops mit den Stielen in ein Stück Styropor stecke, mit je einem Tupfen Nougatcreme bespritzen und mit Pistazien bestreuen. Cupcake-Pops nochmals 30 Minuten in den Kühlschrank stellen.

# Lolli-Törtchen

# Weiße Tatzen 24 Stück

**PRO STÜCK:** E: 2 g, F: 8 g, Kh: 10 g, kJ: 475, kcal: 113, BE: 1,0
**ZUBEREITUNGSZEIT:** 30 Minuten, ohne Kühl- und Trockenzeit
**BACKZEIT:** etwa 12 Minuten je Form

**FÜR DEN CAKE-POP-TEIG:**

**80 g** Butter oder Margarine (zimmerwarm)
**60 g** Zucker
**1 Pck.** Dr. Oetker Vanillin-Zucker
**1** Ei (Größe M)
**80 g** Weizenmehl
**½ gestr. TL** Dr. Oetker Backin
**50 g** abgezogene, gem. Mandeln

**ZUM GARNIEREN:**

**150 g** weiße Kuvertüre
**1 EL** Speiseöl, z. B. Sonnenblumenöl
**etwa 30 g** dunkle Schokoladenstückchen (Zart- oder Edelbitter)

**1** Bärentatzenform (mit 12 Mulden)
**1** Gefrierbeutel

**1.** Den Backofen vorheizen.
Ober-/Unterhitze: etwa 180 °C, Heißluft: etwa 160 °C

**2.** Für den Teig Butter oder Margarine mit einem Mixer (Rührstäbe) auf höchster Stufe geschmeidig rühren. Nach und nach Zucker und Vanillin-Zucker unterrühren. So lange rühren, bis eine gebundene Masse entstanden ist.

**3.** Das Ei in etwa ½ Minute unterrühren. Mehl mit Backpulver und Mandeln mischen. Die Mehlmischung auf mittlerer Stufe kurz unterrühren.

**4.** Die Hälfte des Teiges in die Mulden der Bärentatzenform (gefettet, gemehlt) geben und glatt streichen. Die Form auf dem Rost in den vorgeheizten Backofen schieben. Die Tatzen **etwa 12 Minuten backen.**

**5.** Die Form auf einen Kuchenrost stellen. Die Tatzen kurz abkühlen lassen. Anschließend vorsichtig aus den Mulden lösen, auf den mit Backpapier belegten Kuchenrost legen und noch etwas abkühlen lassen. Anschließend jeweils 1 Lollistiel oder Holzspatel vorsichtig in die Tatzen schieben. Die Bärentatzen erkalten lassen. Aus dem restlichen Teig ebenso weitere 12 Tatzen backen.

**6.** Zum Garnieren weiße Kuvertüre in Stücke hacken und mit dem Speiseöl im Wasserbad schmelzen (siehe Ratgeber S. 91). Die Bärentatzen dick mit der Kuvertüre bestreichen und auf ein Stück Backpapier legen. Den Guss trocknen lassen.

**7.** Schokolade im Wasserbad schmelzen, in einen Gefrierbeutel geben, eine kleine Ecke abschneiden und „Krallen" auf die Bärentatzen spritzen. Schokolade trocknen lassen.

# Kinderglück

# Nougat-Spezial-Pops 8 Stück

**PRO STÜCK:** E: 6 g, F: 25 g, Kh: 39 g, kJ: 1712, kcal: 409, BE: 3,5
**ZUBEREITUNGSZEIT:** 30 Minuten, ohne Abkühl- und Trockenzeit
**BACKZEIT:** 15–20 Minuten

**70 g** Butter

**70 g** Nuss-Nougat, klein geschnitten

**FÜR DEN CAKE-POP-TEIG:**

**30 g** Hartweizengrieß

**70 g** gem. Haselnusskerne

**50 g** Weizenmehl

**½ gestr. TL** Dr. Oetker Backin

**50 g** Zucker

**1 Pck.** Dr. Oetker Vanillin-Zucker

**1** Ei (Größe M)

**1** Eigelb (Größe M)

**ZUM GARNIEREN:**

**100 g** Zartbitter-Schokolade (etwa 50 % Kakaoanteil)

**100 g** Nuss-Nougat

**50 g** Mini-Marshmallows

**1** Kucheneisform (mit 8 Mulden)

**1.** Butter zerlassen. Topf von der Kochstelle nehmen, Nougat hinzugeben. Butter und Nougat zu einer geschmeidigen Masse verrühren und lauwarm abkühlen lassen.

**2.** Den Backofen vorheizen.
Ober-/Unterhitze: etwa 180 °C, Heißluft: etwa 160 °C

**3.** Für den Teig Grieß mit Nüssen, Mehl und Backpulver mischen. Restliche Zutaten und Nougatbutter hinzufügen. Die Zutaten mit einem Mixer (Rührstäbe) zunächst kurz auf niedrigster, dann auf höchster Stufe in etwa 2 Minuten zu einem glatten Teig verarbeiten.

**4.** Den Teig in die Mulden der Kucheneisform (gefettet, gemehlt) geben und glatt streichen. Die Form auf dem Rost in den vorgeheizten Backofen schieben. Kucheneis **15–20 Minuten backen.**

**5.** Die Form auf einen Kuchenrost stellen. Das Kucheneis etwa 5 Minuten abkühlen lassen. Anschließend vorsichtig aus den Mulden lösen. Jeweils 1 Lollistiel oder Holzspatel in das Kucheneis stecken. Die Nougat-Spezial-Pops auf einen Kuchenrost legen und erkalten lassen. Anschließend evtl. überstehende Gebäckkanten mit einer Küchenschere oder einem Messer abschneiden.

**6.** Zum Garnieren Schokolade in kleine Stücke brechen. Nougat klein schneiden. Schokoladen- und Nougatstücke im Wasserbad schmelzen (siehe Ratgeber S. 91).

**7.** Die Cake Pops von beiden Seiten mit dem Guss bestreichen, etwas antrocknen lassen und auf ein Stück Backpapier legen. Die Marshmallows vorsichtig daraufdrücken. Den Guss vollständig trocknen lassen.

# aufgemotzt mit Marshmallows

# Blue Ocean Pops 24 Stück

**PRO STÜCK:** E: 3 g, F: 11 g, Kh: 19 g, kJ: 797, kcal: 190, BE: 1,5
**ZUBEREITUNGSZEIT:** 2 ½ Stunden, ohne Kühlzeit
**BACKZEIT:** etwa 6 Minuten

### FÜR DEN CAKE-POP-TEIG:

**150 g** Butter oder Margarine (zimmerwarm)

**120 g** Zucker

**1 Prise** Salz

**2** Eier (Größe M)

**120 g** Weizenmehl

**20 g** Backkakao

**1 gestr. TL** Dr. Oetker Backin

**2 EL** Raspelschokolade

### ZUM GARNIEREN:

**250 g** Schmelzdrops (blau)

**3 EL** Puderzucker

**125 g** Marzipan-Rohmasse

**etwas** schwarze Speisefarbe (oder ½ fein gemahlene Kohletablette aus der Apotheke)

**1** unbenutzter, feiner Malpinsel

**1** Holzstäbchen (Schaschlikspieß)

**1.** Butter oder Margarine, Zucker und Salz mit einem Mixer (Rührstäbe) zunächst kurz auf niedrigster, dann auf höchster Stufe 4 Minuten schaumig schlagen. Nach und nach die Eier unterrühren (jedes Ei etwa ½ Minute). Mehl mit Kakao und Backpulver mischen, daraufsieben. Raspelschokolade hinzugeben, alles unterheben.

**2.** Den Cake-Pop-Maker nach Herstelleranleitung kurz vorheizen. Die Mulden evtl. dünn mit Speiseöl auspinseln (Vorsicht: Das heiße Fett könnte spritzen!).

**3.** Den Teig mit einem Spritzbeutel (mit großer Lochtülle) in die Cake-Pop-Maker-Mulden spritzen. Die Teigkugeln **etwa 6 Minuten backen,** dann auf einem Kuchenrost erkalten lassen. Restlichen Teig ebenso verarbeiten.

**4.** Zum Garnieren Schmelzdrops nach Packungsanleitung schmelzen. Lollistiele etwa 2 cm tief hineintauchen, dann in die Teigkugeln stecken. Cake Pops etwa 30 Minuten in den Kühlschank legen.

**5.** Die Glasur nochmals schmelzen. Cake Pops an den Stielen hineintauchen, etwas abtropfen lassen und in ein Stück Styropor stecken. Glasur trocknen lassen.

**6.** Für die Wellen Puderzucker mit einigen Tropfen Wasser dickflüssig verrühren. Mit dem Pinsel rundherum Wellen auf die Cake Pops malen. Guss trocknen lassen.

**7.** Für die Hai- und Walflossen Marzipan mit etwas Speisefarbe oder gemahlener Kohletablette grau färben. Mithilfe des Holzstäbchens daraus Hai- und Walflossen formen (je 5–7 g). Diese mit dem restlichen Zuckerguss auf den Cake Pops „festkleben". Guss trocknen lassen.

# „Meer" davon!

# Beach Cake Pops 24 Stück

**PRO STÜCK:** E: 3 g, F: 15 g, Kh: 16 g, kJ: 858, kcal: 205, BE: 1,5
**ZUBEREITUNGSZEIT:** 3 Stunden, ohne Kühlzeit
**BACKZEIT:** etwa 6 Minuten

**FÜR DEN CAKE-POP-TEIG:**

**150 g** Butter oder Margarine (zimmerwarm)

**100 g** brauner Zucker

**1 Prise** Salz

**2** Eier (Größe M)

**100 g** gem. Haselnusskerne

**75 g** Weizenmehl

**1 gestr. TL** gem. Zimt

**1 gestr. TL** Dr. Oetker Backin

**ZUM GARNIEREN:**

**200 g** klein gehackte weiße Kuvertüre

**25 g** klein gehackte Vollmilch-Kuvertüre

**25 g** Pflanzenfett (zum Braten, Frittieren und Kochen – in Stücke geschnitten)

**3 EL** brauner Zucker

**125 g** Marzipan-Rohmasse

**evtl. 1 TL** gesiebter Backkakao

**1.** Butter oder Margarine, Zucker und Salz mit einem Mixer (Rührstäbe) zunächst kurz auf niedrigster, dann auf höchster Stufe 4 Minuten schaumig schlagen. Nach und nach die Eier unterrühren (jedes Ei etwa ½ Minute). Nüsse mit Mehl, Zimt und Backpulver mischen und unterheben.

**2.** Den Cake-Pop-Maker nach Herstelleranleitung kurz vorheizen. Die Mulden evtl. dünn mit Speiseöl auspinseln (Vorsicht: Das heiße Fett könnte spritzen!).

**3.** Den Teig mit einem Spritzbeutel (mit großer Lochtülle) in die Cake-Pop-Maker-Mulden spritzen. Teigkugeln **etwa 6 Minuten backen,** dann auf einem Kuchenrost erkalten lassen. Restlichen Teig ebenso verarbeiten.

**4.** Zum Garnieren Kuvertüre und Pflanzenfett zusammen im Wasserbad schmelzen (siehe Ratgeber S. 91). Die Lollistiele etwa 2 cm tief in die Kuvertüre tauchen, dann in die Teigkugeln stecken. Die Cake Pops 30 Minuten in den Kühlschank legen.

**5.** Die Kuvertüre nochmals im warmen Wasserbad schmelzen. Die Cake Pops an den Stielen in die Kuvertüre tauchen, etwas abtropfen lassen und mit braunem Zucker bestreuen. Cake Pops mit den Stielen in das Styroporstück stecken. Kuvertüre trocknen lassen.

**6.** Die Hälfte des Marzipans nach Belieben mit Kakao braun einfärben. Weißes und braunes Marzipan in kleine Portionen teilen. Evtl. einige Portionen so miteinander verkneten, dass ein Marmormuster entsteht. Für die Cake Pops daraus Muscheln oder Seesterne modellieren (kleines Foto). Restliche Kuvertüre nochmals schmelzen. Muscheln bzw. Seesterne damit „festkleben".

## wecken Urlaubsgefühle

# Fuß- oder Basketbälle 24 Stück

**PRO STÜCK:** E: 2 g, F: 13 g, Kh: 15 g, kJ: 778, kcal: 187, BE: 1,5
**ZUBEREITUNGSZEIT:** 3 Stunden, ohne Kühlzeit
**BACKZEIT:** etwa 6 Minuten

### FÜR DEN CAKE-POP-TEIG:

**100 g** reifes Bananenfruchtfleisch (vorbereitet gewogen, klein geschnitten)

**100 g** Butter (zimmerwarm)
**80 g** Zucker
**1 Prise** Salz
**2** Eier (Größe M)
**100 g** Weizenmehl
**1 gestr. TL** Dr. Oetker Backin
**100 g** gem. Walnusskerne

### FÜR FUSSBÄLLE:

**300 g** Kuchenglasur Vanille
**50 g** klein gehackte Zartbitter-Kuvertüre

### ODER FÜR BASKETBÄLLE:

**300 g** Schmelzdrops (orange)
**25 g** Zartbitter-Kuvertüre

**1** Einwegspritzbeutel

**1.** Banane, Butter, Zucker und Salz mit dem Mixer (Rührstäbe) kurz auf niedrigster, dann auf höchster Stufe 4 Minuten schaumig schlagen. Nach und nach die Eier unterrühren (jedes Ei etwa ½ Minute). Mehl mit Backpulver mischen, sieben, mit Nüssen mischen, dann unterheben.

**2.** Den Cake-Pop-Maker nach Herstelleranleitung kurz vorheizen. Die Mulden evtl. dünn mit Speiseöl auspinseln (Vorsicht: Das heiße Fett könnte spritzen!).

**3.** Den Teig mit einem Spritzbeutel (mit großer Lochtülle) in die Cake-Pop-Maker-Mulden spritzen. Teigkugeln **etwa 6 Minuten backen,** dann auf einem Kuchenrost erkalten lassen. Restlichen Teig ebenso verarbeiten.

**4.** Für Fußbälle Glasur nach Packungsanleitung schmelzen. Lollistiele etwa 2 cm tief hineintauchen, dann in die Teigkugeln stecken. Cake Pops 30 Minuten in den Kühlschrank legen. Restliche Glasur nochmals schmelzen, in eine Schale geben. Cake Pops an den Stielen hineintauchen, etwas abtropfen lassen, in ein Stück Styropor stecken. Sobald die Glasur fest geworden ist, Cake Pops nochmals in die Glasur tauchen, dann trocknen lassen.

**5.** Kuvertüre im Wasserbad schmelzen (siehe Ratgeber S. 91). 1–2 Wassertropfen (nicht mehr!) unterrühren, dann in den Spritzbeutel füllen. Die Spitze abschneiden. „Lederflecken" auf den Cake Pops auftragen, trocknen lassen.

**6.** Für Basketbälle Schmelzdrops nach Packungsanleitung schmelzen, wie unter 4. beschrieben verwenden, jedoch die Cake Pops nur einmal in die Glasur tauchen. Kuvertüre wie unter 5. beschrieben verwenden, jedoch die Bälle mit zarten Linien garnieren.

# es lebe der Sport

# Wollknäuel (Titelrezept) 24 Stück

**PRO STÜCK:** E: 2 g, F: 5 g, Kh: 26 g, kJ: 649, kcal: 155, BE: 2,0
**ZUBEREITUNGSZEIT:** 4 Stunden, ohne Quell- und Kühlzeit
**BACKZEIT:** etwa 6 Minuten

**FÜR DEN CAKE-POP-TEIG:**

**60 g** zarte Haferflocken
**100 ml** Buttermilch
**100 g** Butter oder Margarine (zimmerwarm)
**80 g** Zucker
**1 Prise** Salz
**2** Eier (Größe M)
**100 g** Weizenmehl
**1 gestr. TL** Dr. Oetker Backin

**ZUM GARNIEREN:**

**50 g** weiße Kuvertüre
**2** sehr frische Eiweiß
**400 g** Puderzucker
**etwas** Speisefarbenpaste (z. B. rosa oder lila)

**24** Zahnstocher

**1.** Für den Teig Haferflocken mit Buttermilch verrühren und 10 Minuten quellen lassen.

**2.** Butter oder Margarine, Zucker und Salz mit einem Mixer (Rührstäbe) zunächst kurz auf niedrigster, dann auf höchster Stufe 4 Minuten schaumig schlagen. Nach und nach die Eier unterrühren (jedes Ei etwa ½ Minute). Mehl mit Backpulver mischen, daraufsieben und unterheben. Zuletzt die Haferflocken unterheben.

**3.** Den Cake-Pop-Maker nach Herstelleranleitung kurz vorheizen. Die Mulden evtl. dünn mit Speiseöl auspinseln (Vorsicht: Das heiße Fett könnte spritzen!).

**4.** Den Teig in einen Spritzbeutel (mit großer Lochtülle) füllen. Anschließend in die Mulden des Cake-Pop-Makers spritzen. Cake-Pop-Maker schließen. Die Teigkugeln **etwa 6 Minuten backen.** Dann auf einem mit Backpapier belegten Kuchenrost erkalten lassen. Aus dem restlichen Teig weitere Teigkugeln backen und erkalten lassen.

**5.** Zum Garnieren Kuvertüre in Stücke hacken und im Wasserbad schmelzen (siehe Ratgeber S. 91). Die Lollistiele jeweils 2–3 cm tief in die Kuvertüre tauchen, dann in die Teigkugeln stecken. Die Cake Pops etwa 30 Minuten in den Kühlschank legen.

**6.** Eiweiß mit dem Mixer (Rührstäbe) auf höchster Stufe steif schlagen. Nach und nach den Puderzucker unterrühren. Dabei so lange schlagen, bis der Eischnee stark glänzt. Die Eiweißspritzglasur mit der Speisefarbenpaste in der gewünschten Farbintensität einfärben. Etwas Eiweißspritzglasur in einen Spritzbeutel mit sehr kleiner Lochtülle (Ø 1 ½–2 mm) füllen.

# braucht etwas Übung

**7.** Einen Cake Pop am Stiel festhalten. Zunächst die Eiweißspritzglasur vom Stielansatz her rundum aufspritzen. Anschließend den Cake Pop umdrehen und von oben spiralförmig verzieren. Zuletzt einen Zahnstocher in der Mitte durchbrechen und als Stricknadeln in den Cake Pop stecken. Den Cake Pop mit dem Stiel in ein Stück Styropor stecken. Die Glasur trocknen lassen. Auf diese Weise alle Cake Pops garnieren.

**Tipp:** Die Eiweißspritzglasur immer mit Frischhaltefolie abdecken, damit sie nicht antrocknet.

# Kokos-Whoopies 9 Stück

**PRO STÜCK:** E: 5 g, F: 25 g, Kh: 19 g, kJ: 1353, kcal: 324, BE: 1,5
**ZUBEREITUNGSZEIT:** 1 Stunde, ohne Kühlzeit
**BACKZEIT:** etwa 12 Minuten je Backblech

**FÜR DEN TEIG:**
**2** Eiweiß (Größe M)
**1 Prise** Salz
**80 g** Zucker
**50 g** Marzipan-Rohmasse
**1 EL** Wasser
**2** Eigelb (Größe M)
**175 g** Kokosraspel

**FÜR DIE FÜLLUNG:**
**120 g** Zartbitter-Kuvertüre
**120 g** Schlagsahne

**1.** Den Backofen vorheizen.
Ober-/Unterhitze: etwa 180 °C, Heißluft: etwa 160 °C

**2.** Für den Teig Eiweiß und Salz mit einem Mixer (Rührstäbe) steif schlagen, dabei den Zucker einrieseln lassen.

**3.** Marzipan in hauchdünne Scheiben schneiden, in eine Rührschüssel geben. Wasser und Eigelb hinzufügen, mit dem Mixer (Rührstäbe) kurz auf niedrigster, dann auf höchster Stufe etwa 4 Minuten schaumig schlagen. Eischnee mit einem Schneebesen unterheben. Zuletzt die Kokosraspel mit einem Teigschaber unterheben.

**4.** Den Teig mit einem Esslöffel in 18 runden, flachen Häufchen (Ø etwa 7 cm) auf 2 Backbleche setzen. Dabei genügend Abstand zwischen den Teighäufchen lassen.

**5.** Die Backbleche nacheinander (bei Heißluft zusammen) in den vorgeheizten Backofen schieben. Die Whoopies in **etwa 12 Minuten je Backblech zartbraun backen.**

**6.** Die Backbleche auf Kuchenroste stellen. Die Whoopies auf den Backblechen erkalten lassen.

**7.** Für die Füllung die Kuvertüre fein hacken. Die Sahne in einem Topf zum Kochen bringen, dann sofort über die Kuvertüre gießen und so lange rühren, bis die Kuvertüre geschmolzen ist.

**8.** Sobald die Kuvertüresahne anfängt fest zu werden, sie dick mit einem Messer auf die glatte Seite von 9 Whoopies streichen. Die restlichen Whoopies mit der „Wölbung" nach oben daraufsetzen und leicht andrücken. Whoopies evtl. kurz in den Kühlschrank stellen.

so zart

# Erdnuss-Schoko-Whoopies 30 Stück

**PRO STÜCK:** E: 3 g, F: 13 g, Kh: 16 g, kJ: 790, kcal: 189, BE: 1,5
**ZUBEREITUNGSZEIT:** 75 Minuten, ohne Kühlzeit
**BACKZEIT:** etwa 13 Minuten je Backblech

### FÜR DEN TEIG:

**125 g** Butter oder Margarine (zimmerwarm)

**150 g** brauner Zucker

**1 Pck.** Dr. Oetker-Vanillin-Zucker

**1 Prise** Salz

**1** Ei (Größe L)

**150 g** Weizenmehl

**50 g** Speisestärke

**2 geh. EL** gesiebter Backkakao (etwa 40 g)

**1 gestr. TL** Dr. Oetker Backin

**150 ml** Milch (1,5 % Fett)

### FÜR DIE FÜLLUNG:

**50 g** Butter (zimmerwarm)

**200 g** Erdnusscreme, creamy

**50 g** Puderzucker

### ZUM GARNIEREN:

**125 g** Kuchenglasur Hell

**2–3 EL** Erdnusskerne (ungesalzen, geröstet)

**2–3 EL** gehobelte Mandeln

**einige** Schokoperlen und -streusel

**1.** Den Backofen vorheizen.
Ober-/Unterhitze: etwa 200 °C, Heißluft: etwa 180 °C

**2.** Für den Teig Butter oder Margarine mit einem Mixer (Rührstäbe) auf höchster Stufe geschmeidig rühren. Nach und nach Zucker, Vanillin-Zucker und Salz unterrühren. So lange rühren, bis eine gebundene Masse entstanden ist.

**3.** Das Ei etwa ½ Minute unterrühren. Mehl mit Stärke, Kakao und Backpulver mischen, in 2 Portionen auf mittlerer Stufe kurz unterrühren. Zuletzt Milch unterrühren.

**4.** Den Teig in einen Spritzbeutel mit großer Lochtülle (Ø 1 ½ cm) geben. 60 kleine Häufchen auf 3 Backbleche (gefettet, mit Backpapier belegt) spritzen, mit einem Messer zu Kreisen (Ø etwa 4 cm) sorgfältig verstreichen.

**5.** Die Backbleche nacheinander (bei Heißluft 2 Backbleche zusammen) in den vorgeheizten Backofen schieben. Die Whoopies **etwa 13 Minuten je Backblech backen.**

**6.** Die Whoopies mit dem Backpapier von den Backblechen auf Kuchenroste ziehen und erkalten lassen.

**7.** Butter mit Erdnusscreme mit dem Mixer (Rührstäbe) auf höchster Stufe geschmeidig rühren. Nach und nach Puderzucker unterrühren. Je etwa 1 Teelöffel Creme auf die glatte Seite von 30 Whoopies streichen. Restliche Whoopies daraufsetzen. Whoopies einige Minuten in den Kühlschrank stellen. Füllung fest werden lassen.

**8.** Glasur nach Packungsanleitung schmelzen. Whoopies damit bestreichen, mit Erdnusskernen, Mandeln, Schokoperlen und -streuseln belegen. Guss trocknen lassen.

# Energiehäppchen

# Grieß-Orangen-Whoopies 8–9 Stück

**PRO STÜCK:** E: 5 g, F: 21 g, Kh: 46 g, kJ: 1630, kcal:417, BE: 4,0
**ZUBEREITUNGSZEIT:** 50 Minuten, ohne Kühlzeit
**BACKZEIT:** etwa 12 Minuten je Backblech

**FÜR DIE FÜLLUNG:**

**200 ml** Milch (1,5 % Fett)

**15 g** Dr. Oetker Pudding-Pulver Vanille-Geschmack

**1 EL** Zucker

**75 g** Butter (kalt, in Stückchen)

**FÜR DEN TEIG:**

**125 g** Butter oder Margarine (zimmerwarm)

**100 g** Zucker

**1 Prise** Salz

**1 Pck.** Dr. Oetker Finesse Orangenschalen-Aroma

**2** Eier (Größe M)

**75 g** Weichweizengrieß

**100 g** Weizenmehl

**½ gestr. TL** Dr. Oetker Backin

**100 g** Orangenmarmelade

**ZUM GARNIEREN:**

**50 g** Muffinglasur lila

**1 EL** kleine Zuckerherzen

**1.** Milch, Pudding-Pulver und Zucker in einem Topf glatt rühren, unter Rühren zum Kochen bringen, kurz unter Rühren kochen lassen, dann in eine Schüssel geben. Butter so unterrühren, dass keine Stückchen mehr zu sehen sind. Frischhaltefolie direkt auf die Oberfläche legen. Pudding abkühlen, dann im Kühlschrank durchkühlen lassen.

**2.** Inzwischen den Backofen vorheizen.
Ober-/Unterhitze: etwa 180 °C, Heißluft: etwa 160 °C

**3.** Für den Teig Butter oder Margarine, Zucker, Salz und Aroma mit einem Mixer (Rührstäbe) auf höchster Stufe etwa 4 Minuten schaumig schlagen. Eier nach und nach unterrühren (jedes Ei etwa ½ Minute). Grieß mit Mehl und Backpulver mischen, dann unterheben.

**4.** Den Teig in 16 oder 18 flachen Häufchen (Ø etwa 6 cm) mit genügend Abstand auf 2 Backbleche setzen. Die Backbleche nacheinander (bei Heißluft zusammen) in den vorgeheizten Backofen schieben. Die Whoopies **etwa 12 Minuten je Backblech backen.**

**5.** Die Whoopies mit dem Backpapier von den Backblechen auf Kuchenroste ziehen und erkalten lassen.

**6.** Den Pudding kurz glatt rühren, dann in einen Spritzbeutel mit Lochtülle (Ø etwa 1 cm) geben. Außen je einen Kreis auf die glatte Seite von 8 oder 9 Whoopies spritzen. In die Mitte je 1 Teelöffel Marmelade geben. Restliche Whoopies mit der Wölbung nach oben daraufsetzen.

**7.** Die Glasur nach Packungsanleitung durchkneten. Eine kleine Spitze abschneiden. Auf jeden Whoopie eine Spirale spritzen, mit Zuckerherzen bestreuen.

da steckt viel Liebe drin

# Schoko-Erdbeer-Whoopies 9–10 Stück

**PRO STÜCK:** E: 7 g, F: 5 g, Kh: 22 g, kJ: 681, kcal: 162, BE: 2,0
**ZUBEREITUNGSZEIT:** 50 Minuten, ohne Kühlzeit
**BACKZEIT:** etwa 12 Minuten je Backblech

**FÜR DEN BISKUITTEIG:**

**3** Eiweiß (Größe M)
**1 Prise** Salz
**75 g** Zucker
**3** Eigelb (Größe M)
**75 g** Weizenmehl
**2 EL** Backkakao

**FÜR DIE FÜLLUNG:**

**250 g** Magerquark
**75 g** Schlagsahne oder 75 ml Milch (3,5 % Fett)
**½ Pck.** Quarkfein Erdbeer (Dessertpulver, 30 g)
**75 g** Erdbeer-Fruchtaufstrich

**1.** Den Backofen vorheizen.
Ober-/Unterhitze: etwa 180 °C, Heißluft: etwa 160 °C

**2.** Für den Teig Eiweiß und Salz mit einem Mixer (Rührstäbe) auf höchster Stufe steif schlagen, dabei den Zucker einrieseln lassen. Anschließend das Eigelb unterschlagen. Mehl mit 1 Esslöffel Kakao mischen, auf die Eischaummasse sieben und mit einem Schneebesen unterheben.

**3.** Den Biskuitteig in einen Spritzbeutel mit Lochtülle (Ø 1–1 ½ cm) geben. 18 oder 20 runde Kleckse (Ø etwa 7 cm) auf 2 Backbleche (gefettet, mit Backpapier belegt) spritzen. Dabei genügend Abstand zwischen den Biskuitklecksen lassen. Den restlichen Kakao über die Hälfte der Whoopies sieben.

**4.** Die Backbleche nacheinander (bei Heißluft zusammen) in den vorgeheizten Backofen schieben. Die Whoopies **etwa 12 Minuten je Backblech backen.**

**5.** Die Backbleche auf Kuchenroste stellen. Die Whoopies auf den Backblechen erkalten lassen. Anschließend vorsichtig vom Backpapier lösen.

**6.** Für die Füllung Quark, Sahne oder Milch und Dessertpulver mit einem Schneebesen glatt rühren. Die Quarkcreme in den Spritzbeutel mit Lochtülle (Ø 1–1 ½ cm) geben. Außen je einen Kreis auf die glatte Seite von den nicht mit Kakao bestäubten Whoopies spritzen. In die Mitte jeweils 1 Teelöffel Fruchtaufstrich geben. Die restlichen Whoopies mit der Wölbung nach oben daraufsetzen und leicht andrücken. Die Whoopies servieren.

süße Wonne

# Orangen-Whoopies 16–18 Stück

**PRO STÜCK:** E: 1 g, F: 4 g, Kh: 9 g, kJ: 322, kcal: 77, BE: 0,5
**ZUBEREITUNGSZEIT:** 25 Minuten, ohne Kühlzeit

**ZUM VORBEREITEN:**
**20 g** Kokosraspel

**FÜR DIE FÜLLUNG:**
**50 g** Butter (zimmerwarm)
**100 g** Joghurt-Frischkäse (13 % Fett)
**25 g** Puderzucker
**1 Pck.** Dr. Oetker Bourbon-Vanille-Zucker
**1 EL** Himbeergelee (etwa 20 g)

**125 g** runde Biskuitplätzchen mit Orangengeschmack

**1.** Zum Vorbereiten Kokosraspel in einer Pfanne ohne Fett unter Wenden leicht anrösten. Kokosraspel auf einen Teller geben und abkühlen lassen.

**2.** Für die Füllung in der Zwischenzeit Butter mit Frischkäse, Puderzucker und Vanille-Zucker in eine Rührschüssel geben und mit einem Mixer (Rührstäbe) auf mittlerer Stufe zu einer glatten Creme verrühren. Die Creme in 2 gleich große Portionen teilen. Eine Hälfte der Creme in eine andere Schüssel geben.

**3.** Für die Himbeer-Frischkäse-Creme das Himbeergelee mit einer Gabel glatt rühren, dann mit einem Schneebesen unter die eine Hälfte der Creme rühren. Für die Kokos-Frischkäse-Creme die Hälfte der Kokosraspel unter die andere Hälfte der Creme rühren.

**4.** Etwa ein Viertel der Biskuit-Plätzchen (8–9 Stück) auf der glatten Seite mit einem Messer mit der Himbeer-Frischkäse-Creme bestreichen. Anschließend mit je 1 Biskuitplätzchen zu einem kleinen Whoopie zusammensetzen. Ein weiteres Viertel der Plätzchen ebenso mit der Kokos-Frischkäse-Creme bestreichen und ebenfalls mit einem weiteren Plätzchen zu einem Whoopie zusammensetzen.

**5.** Den Rand der zusammengesetzten Kokos-Whoopies in den restlichen Kokosraspeln wälzen. Die Whoopies kurz in den Kühlschrank stellen.

**Tipp:** Diese Whoopies sind schnell gemacht. Sie sollten nicht vorbereitet werden, da sie schnell durchweichen. Die Creme und die Kokosraspel können schon am Vortag zubereitet werden. Die Orangen-Whoopies erst kurz vor dem Servieren zusammensetzen.

lieber Himbeer oder Kokos?

# Basilikum-Zucker-Whoopies

16 Stück

**PRO STÜCK:** E: 2 g, F: 8 g, Kh: 11 g, kJ: 530, kcal: 127, BE: 1,0
**ZUBEREITUNGSZEIT:** 35 Minuten, ohne Abkühlzeit
**BACKZEIT:** 8–10 Minuten je Backblech

**60 g** Zucker

**2 gut geh. EL** vorbereitete Basilikumblätter

**1** Bio-Zitrone (unbehandelt, ungewachst)

**FÜR DEN TEIG:**

**100 g** Weizenmehl
**1 gestr. TL** Dr. Oetker Backin
**1** Ei (Größe M)
**50 g** Schlagsahne
**50 ml** Olivenöl
**25 g** gem. Pinienkerne
**etwa 20 g** ganze Pinienkerne

**FÜR DIE FÜLLUNG:**

**75 g** Zartbitter-Schokoladenstückchen (etwa 50 % Kakaoanteil)

**½ TL** Olivenöl

**2 EL** Schlagsahne

**1.** Zucker mit Basilikum auf ein großes Schneidbrett geben. Die Blätter mit einem scharfen Messer in dem Zucker fein hacken. 40 g Basilikum-Zucker abwiegen. Zitrone heiß abwaschen, abtrocknen und die Schale fein abreiben. Zitrone halbieren und den Saft auspressen.

**2.** Für den Teig Mehl mit Backpulver mischen, in eine verschließbare Schüssel (etwa 3 l) geben, mit dem abgewogenen Basilikum-Zucker mischen. Ei, 1 Teelöffel Zitronensaft sowie Zitronenschale, Sahne und Öl hinzufügen. Die Schüssel mit dem Deckel fest verschließen, mehrmals kräftig schütteln (insgesamt 15–30 Sekunden), sodass alle Zutaten gut vermischt sind. Gemahlene Pinienkerne hinzugeben. Alles mit einem Schneebesen oder Rührlöffel nochmals sorgfältig durchrühren, damit trockene Zutaten vom Rand mit untergerührt werden.

**3.** Den Backofen vorheizen.
Ober-/Unterhitze: etwa 180 °C, Heißluft: etwa 160 °C

**4.** Den Teig in 32 Häufchen mit genügend Abstand auf 1–2 Backbleche (gefettet, mit Backpapier belegt) setzen. Mit Pinienkernen und restlichem Basilikum-Zucker bestreuen. Die Backbleche nacheinander (bei Heißluft zusammen) in den vorgeheizten Backofen schieben. Die Whoopies **8–10 Minuten je Backblech backen.**

**5.** Die Whoopies mit dem Backpapier von den Backblechen auf Kuchenroste ziehen. Whoopies erkalten lassen.

**6.** Schokolade mit Öl und Sahne im Wasserbad schmelzen (siehe Ratgeber S. 91). Die Hälfte der Whoopies auf

der glatten Seite damit bestreichen. Restliche Whoopies daraufsetzen und leicht andrücken. Die Schokolade fest werden lassen.

# Hafer-Whoopies 24 Stück

**PRO STÜCK:** E: 2 g, F: 9 g, Kh: 17 g, kJ: 659, kcal: 157, BE: 1,5
**ZUBEREITUNGSZEIT:** 1 Stunde, ohne Abkühl- und Trockenzeit
**BACKZEIT:** 18 Minuten je Backblech

**FÜR DEN TEIG:**

**125 g** Butter oder Margarine (zimmerwarm)

**100 g** brauner Zucker

**1 Pck.** Dr. Oetker Vanillin-Zucker

**1 Prise** Salz

**1 Pck.** Dr. Oetker Finesse Orangenschalen-Aroma

**1** Ei (Größe M)

**125 g** Weizenmehl

**1 gestr. TL** Dr. Oetker Backin

**100 g** zarte Haferflocken

**100 ml** Milch (1,5 % Fett)

**ZUM GARNIEREN:**

**100 g** Puderzucker

**etwa 2 EL** Zitronensaft

Zuckerschrift (rot, grün, gelb und braun)

**FÜR DIE FÜLLUNG:**

**150 g** Doppelrahm-Frischkäse

**1 TL** flüssiger Honig

**150 g** Schlagsahne (mind. 30 % Fett)

**1 Pck.** Dr. Oetker Bourbon-Vanille-Zucker

**1.** Den Backofen vorheizen.
Ober-/Unterhitze: etwa 180 °C, Heißluft: etwa 160 °C

**2.** Butter oder Margarine mit einem Mixer (Rührstäbe) auf höchster Stufe geschmeidig rühren. Nach und nach Zucker, Vanillin-Zucker, Salz und Aroma unterrühren. So lange rühren, bis eine gebundene Masse entstanden ist. Das Ei etwa ½ Minute unterrühren. Mehl mit Backpulver mischen und auf mittlerer Stufe kurz unterrühren. Haferflocken und Milch ebenfalls kurz unterrühren.

**3.** Den Teig in 48 walnussgroßen Häufchen mit genügend Abstand auf 2 Backbleche (gefettet, mit Backpapier belegt) setzen. Die Backbleche nacheinander (bei Heißluft zusammen) in den vorgeheizten Backofen schieben. Hafer-Whoopies **etwa 18 Minuten je Backblech backen.**

**4.** Die Whoopies mit dem Backpapier von den Backblechen auf Kuchenroste ziehen und erkalten lassen.

**5.** Zum Garnieren Puderzucker mit Saft zu einem dickflüssigen Guss verrühren. Von den Whoopies 12 Stück auf der gewölbten Seite damit bestreichen. Weitere 12 Whoopies auf der gewölbten Seite mit Zuckerschrift garnieren. Guss und Zuckerschrift gut trocknen lassen.

**6.** Inzwischen Frischkäse mit Honig glatt rühren. Sahne mit dem Mixer (Rührbesen) steif schlagen, dabei den Vanille-Zucker unterrühren. Die Sahne in 2–3 Portionen vorsichtig unter die Frischkäsemasse heben.

**7.** Die Creme auf der glatten Seite der 24 nicht garnierten Whoopies verstreichen, mit den garnierten Whoopies belegen, dabei vorsichtig andrücken.

# bunte Schmankerl

# Müsli-Whoopies 8–9 Stück

**PRO STÜCK:** E: 5 g, F: 23 g, Kh: 33 g, kJ: 1484, kcal: 345, BE: 2,5
**ZUBEREITUNGSZEIT:** 50 Minuten, ohne Kühlzeit
**BACKZEIT:** etwa 12 Minuten je Backblech

**FÜR DEN TEIG:**

**125 g** Butter oder Margarine (zimmerwarm)

**80 g** Zucker
**1 Prise** Salz
**2** Eier (Größe M)
**100 g** Weizenmehl
**½ gestr. TL** Dr. Oetker Backin
**125 g** Müsli-Mischung (kein Knuspermüsli)

**FÜR DIE FÜLLUNG:**

**100 g** Mascarpone (ital. Frischkäse)
**100 g** Schlagsahne
**3 EL** Preiselbeer-Dessert (aus dem Glas)

**1.** Den Backofen vorheizen.
Ober-/Unterhitze: etwa 180 °C, Heißluft: etwa 160 °C

**2.** Für den Teig sehr weiche Butter oder Margarine sowie Zucker und Salz mit einem Mixer (Rührstäbe) auf höchster Stufe etwa 4 Minuten schaumig schlagen. Eier nach und nach unterrühren (jedes Ei etwa ½ Minute).

**3.** Mehl mit Backpulver und Müsli gut vermischen. Die Mehl-Müsli-Mischung unter die Eier-Fett-Masse heben.

**4.** Den Müsli-Teig mit einem Esslöffel in 16 oder 18 runden, flachen Häufchen (Ø etwa 6 cm) auf 2 Backbleche setzen. Dabei genügend Abstand zwischen den Teighäufchen lassen.

**5.** Die Backbleche nacheinander (bei Heißluft zusammen) in den vorgeheizten Backofen schieben. Die Whoopies **etwa 12 Minuten je Backblech backen.**

**6.** Die Whoopies mit dem Backpapier von den Backblechen auf Kuchenroste ziehen und erkalten lassen.

**7.** Für die Füllung Mascarpone und Schlagsahne in eine Schüssel geben und mit dem Mixer (Rührstäbe) auf mittlerer Stufe cremig aufschlagen. Zum Schluss das Preiselbeer-Dessert mit einem Teigschaber kurz unterheben.

**8.** Die Füllung mit einem Löffel auf die glatte Seite von 8 oder 9 Whoopies geben. Die restlichen Whoopies mit der Wölbung nach oben daraufsetzen und leicht andrücken. Die Whoopies zugedeckt etwa 30 Minuten in den Kühlschrank stellen.

Frühstück to go

# Himbeer-Joghurt-Whoopies 18 Stück

**PRO STÜCK:** E: 3 g, F: 7 g, Kh: 28 g, kJ: 784, kcal: 187, BE: 2,5
**ZUBEREITUNGSZEIT:** 45 Minuten, ohne Abkühl- und Trockenzeit
**BACKZEIT:** etwa 14 Minuten je Backblech

### FÜR DEN TEIG:

**80 g** Butter oder Margarine (zimmerwarm)

**150 g** Zucker

**1 Pck.** Dr. Oetker Bourbon-Vanille-Zucker

**1 Prise** Salz

**1** Ei (Größe M)

**200 g** Weizenmehl

**1 gestr. TL** Dr. Oetker Backin

**150 ml** Buttermilch

### FÜR DIE FÜLLUNG:

**100 g** aufgetaute TK-Himbeeren

**3 Blatt** weiße Gelatine

**150 g** Schlagsahne (mind. 30 % Fett)

**125 g** Joghurt (3,5 % Fett)

**25 g** Puderzucker

**1 TL** Zitronensaft

### ZUM GARNIEREN:

**150 g** Puderzucker

**etwa 2 TL** Zitronensaft

**1–2** Tropfen Speisefarbe (rot)

**etwas** Zuckerschrift (braun)

**1.** Den Backofen vorheizen.
Ober-/Unterhitze: etwa 200 °C, Heißluft: etwa 180 °C

**2.** Butter oder Margarine mit einem Mixer (Rührstäbe) auf höchster Stufe geschmeidig rühren. Nach und nach Zucker, Vanille-Zucker und Salz unterrühren. So lange rühren, bis eine gebundene Masse entstanden ist. Das Ei etwa ½ Minute unterrühren. Mehl mit Backpulver mischen, in 2 Portionen auf mittlerer Stufe kurz unterrühren. Buttermilch kurz unterrühren.

**3.** Den Teig mit einem Spritzbeutel (Lochtülle, Ø 1 ½ cm) in 36 kleinen Häufchen mit genügend Abstand auf 3 Backbleche (gefettet, mit Backpapier belegt) spritzen, dann zu Kreisen (Ø etwa 4 cm) sorgfältig verstreichen.

**4.** Die Backbleche nacheinander (bei Heißluft 2 Backbleche zusammen) in den vorgeheizten Backofen schieben. Whoopies **etwa 14 Minuten je Backblech backen.**

**5.** Die Whoopies mit dem Backpapier von den Backblechen auf Kuchenroste ziehen und erkalten lassen.

**6.** Himbeeren durch ein Sieb streichen, 65 g davon beiseitestellen. Gelatine nach Packungsanleitung einweichen. Die Sahne steif schlagen.

**7.** Joghurt mit beiseitegestelltem Himbeermark, Puderzucker und Zitronensaft zu einer geschmeidigen Masse verrühren. Gelatine leicht ausdrücken und in einem kleinen Topf bei schwacher Hitze unter Rühren auflösen. Die aufgelöste Gelatine zunächst mit etwa 4 Esslöffeln von der Joghurtmasse verrühren, dann unter die restliche Joghurtmasse rühren. Sahne kurz unterrühren.

**8.** Die Joghurt-Sahne-Creme auf die glatte Seite von 18 Whoopies streichen. Restliche Whoopies daraufsetzen, leicht andrücken. Die Whoopies in den Kühlschrank stellen. Die Füllung fest werden lassen.

**9.** Puderzucker mit Saft und Speisefarbe verrühren. Die Whoopies damit bestreichen. Guss trocknen lassen, dann mit Zuckerschrift garnieren und trocknen lassen.

# Kleine Eierlikör-Whoopies 40 Stück

**PRO STÜCK:** E: 1 g, F: 3 g, Kh: 6 g, kJ: 229, kcal: 55, BE: 0,5
**ZUBEREITUNGSZEIT:** 45 Minuten, ohne Kühlzeit
**BACKZEIT:** 8–10 Minuten je Backblech

**FÜR DEN TEIG:**
**2** Eier (Größe M)
**1** Eiweiß (Größe M)
**1 Prise** Salz
**50 g** Zucker
**1 EL** Eierlikör
**60 g** Weizenmehl
**30 g** Speisestärke
**1 gestr. TL** Dr. Oetker Backin

**150 g** Zartbitter-Kuvertüre zum Bestreichen

**FÜR DIE FÜLLUNG:**
**80 g** weiße Kuvertüre
**20 g** Butter
**40 ml** Eierlikör

1. Den Backofen vorheizen.
Ober-/Unterhitze: etwa 180 °C, Heißluft: etwa 160 °C

2. Für den Teig Eier, Eiweiß und Salz mit einem Mixer (Rührstäbe) auf höchster Stufe in 1 Minute schaumig schlagen. Zucker in 1 Minute einstreuen, dann noch etwa 2 Minuten schlagen. Eierlikör kurz unterrühren.

3. Mehl mit Speisestärke und Backpulver mischen, auf die Eiercreme geben und kurz auf niedrigster Stufe unterrühren.

4. Den Teig mithilfe von 2 Teelöffeln in 80 kleinen Häufchen auf 3–4 Backbleche (gefettet, mit Backpapier belegt) setzen. Dabei genügend Abstand zwischen den Teighäufchen lassen (der Teig läuft auseinander).

5. Die Backbleche nacheinander (bei Heißluft 2 Backbleche zusammen) in den vorgeheizten Backofen schieben. Die Whoopies **8–10 Minuten je Backblech backen.**

6. Die Whoopies mit dem Backpapier von den Backblechen auf Kuchenroste ziehen und erkalten lassen.

7. Die Zartbitter-Kuvertüre in kleine Stücke hacken und im Wasserbad schmelzen (siehe Ratgeber S. 91). Die glatte Seite von allen Whoopies damit bestreichen. Kuvertüre trocknen lassen.

8. Für die Füllung in der Zwischenzeit weiße Kuvertüre in kleine Stücke hacken, mit Butter und Eierlikör im Wasserbad schmelzen. Die Kuvertüre-Eierlikör-Creme in einen Rührbecher geben und zugedeckt etwa 1 Stunde in den Kühlschrank stellen.

**9.** Die Kuvertüre-Eierlikör-Creme mit dem Mixer (Rührstäbe) auf höchster Stufe cremig schlagen. Jeweils 1 Teelöffel davon auf die glatte Seite von 40 Whoopies geben, mit den restlichen Whoopies belegen und leicht andrücken. Die Creme fest werden lassen.

**Tipps:** Die Eierlikör-Whoopies in einer gut schließenden Dose im Kühlschrank aufbewahren. So sind sie etwa 6 Tage haltbar. Nach Belieben die Whoopies mit fertig gekauften Schokoladenblättern garnieren. Dazu jeweils einen Tupfen aufgelöste Kuvertüre auf die nicht bestrichenen Seiten der Whoopies geben, mit einem Schokoladenblatt belegen und leicht andrücken.

# Blättrige Zucker-Whoopies 6 Stück

**PRO STÜCK:** E: 3 g, F: 17 g, Kh: 29 g, kJ: 1187, kcal: 284, BE: 2,5
**ZUBEREITUNGSZEIT:** 30 Minuten, ohne Abkühl- und Auftauzeit
**BACKZEIT:** etwa 15 Minuten pro Backblech

**270 g** frischer Blätterteig (aus dem Kühlregal, 42 x 24 cm)

**etwas** Wasser

**3 EL** brauner Zucker

**FÜR DIE HEIDELBEERSAHNE:**

**75 g** Heidelbeeren (TK oder frisch)

**25 g** Doppelrahm-Frischkäse

**1 EL** Zucker

**½ Pck.** Sahnesteif

**100 g** Schlagsahne (mind. 30 % Fett)

**1.** Den Backofen vorheizen.
Ober-/Unterhitze: etwa 200 °C, Heißluft: etwa 175 °C

**2.** Die Blätterteigplatte auf einer leicht bemehlten Arbeitsfläche entrollen. Daraus 12 Kreise (Ø 9 cm) ausstechen. Sollte der Teig nicht ausreichen, die Teigreste aneinanderlegen, etwas fest drücken und erneut Kreise ausstechen.

**3.** Die Teigkreise auf 2 Backbleche (mit Backpapier belegt) legen, dünn mit Wasser bepinseln, mit Zucker bestreuen. Die Backbleche nacheinander (bei Heißluft zusammen) in den vorgeheizten Backofen schieben. Das Gebäck **etwa 15 Minuten je Backblech backen.**

**4.** Das Gebäck mit dem Backpapier von den Backblechen auf Kuchenroste ziehen und erkalten lassen.

**5.** Für die Heidelbeersahne in der Zwischenzeit TK-Heidelbeeren in ein Sieb geben und auftauen lassen. Frische Heidelbeeren verlesen, evtl. kurz abspülen, gut abtropfen lassen und mit Küchenpapier vorsichtig trocken tupfen. Heidelbeeren mit einer Gabel etwas zerdrücken, dann mit dem Frischkäse vorsichtig verrühren.

**6.** Zucker mit Sahnesteif mischen. Die Sahne steif schlagen, dabei das Zucker-Sahnesteif-Gemisch einrieseln lassen. Die Sahne zu den Heidelbeeren geben und mit einem Schneebesen unterheben.

**7.** Kurz vor dem Servieren jeweils 1 Esslöffel Heidelbeersahne auf die glatten Seiten von 6 Blätterteigkreisen geben und glatt streichen. Die restlichen Blätterteigkreise daraufsetzen und leicht andrücken. Die Zucker-Whoopies sofort servieren.

## gefüllt mit Heidelbeersahne

# Espresso-Whoopies 18 Stück

**PRO STÜCK:** E: 1 g, F: 4 g, Kh: 10 g, kJ: 332, kcal: 79, BE: 1,0
**ZUBEREITUNGSZEIT:** 50 Minuten, ohne Kühlzeit
**BACKZEIT:** etwa 12 Minuten je Backblech

**FÜR DEN TEIG:**
**1** Ei (Größe M)
**1** Eigelb (Größe M)
**50 g** Zucker
**2 Pck.** Dr. Oetker Vanillin-Zucker
**2 gestr. TL** Instant-Espressopulver
**50 g** Weizenmehl
**20 g** Speisestärke

**etwas** Instant-Espressopulver zum Bestäuben

**FÜR DIE FÜLLUNG:**
**100 g** weiße Schokolade
**30 g** Butter

**1.** Für den Teig Ei und Eigelb mit einem Mixer (Rührstäbe) auf höchster Stufe in 1 Minute schaumig schlagen. Zucker mit Vanillin-Zucker und Espressopulver mischen, in 1 Minute einstreuen, dann noch etwa 2 Minuten schlagen. Mehl mit Speisestärke mischen, auf die Eiercreme geben und kurz auf niedrigster Stufe unterrühren.

**2.** Den Backofen vorheizen.
Ober-/Unterhitze: etwa 180 °C, Heißluft: etwa 160 °C

**3.** Den Teig mithilfe von 2 Teelöffeln in 36 kleinen Häufchen auf 2 Backbleche (gefettet, mit Backpapier belegt) setzen. Dabei genügend Abstand zwischen den Teighäufchen lassen. Etwas Espressopulver in ein feines Sieb geben und die Teighäufchen damit bestäuben.

**4.** Die Backbleche nacheinander (bei Heißluft zusammen) in den vorgeheizten Backofen schieben. Die Whoopies **etwa 12 Minuten je Backblech backen.**

**5.** In der Zwischenzeit für die Füllung Schokolade in kleine Stücke brechen und mit der Butter im Wasserbad schmelzen (siehe Ratgeber S. 91). Schokoladen-Buttercreme zunächst abkühlen lassen. Anschließend im Kühlschrank vollständig erkalten lassen.

**6.** Die Whoopies mit dem Backpapier von den Backblechen auf Kuchenroste ziehen und erkalten lassen.

**7.** Die Schokoladen-Buttercreme mit einem Mixer (Rührstäbe) kurz aufschlagen. Jeweils die glatte Seite von 18 Whoopies mit etwas Schokoladen-Buttercreme bestreichen. Die restlichen Whoopies daraufsetzen und leicht andrücken.

**Tipp:** Bei diesem Rezept bleibt 1 Eiweiß übrig. Eiweiß kann gut zugedeckt im Kühlschrank etwa 1 Tag aufbewahrt und zum Beispiel mit 2–3 weiteren Eiern zu Rührei verarbeitet werden.

# Apfel-Krokant-Whoopies 10 Stück

**PRO STÜCK:** E: 4 g, F: 20 g, Kh: 38 g, kJ: 1479, kcal: 353, BE: 3,0
**ZUBEREITUNGSZEIT:** 40 Minuten, ohne Kühlzeit
**BACKZEIT:** etwa 10 Minuten je Backblech

**ZUM VORBEREITEN:**

**1–2** Äpfel (300 g)
**80 g** Extra Gelierzucker (2:1)
**3 TL** Zitronensaft

**FÜR DEN TEIG:**

**120 g** Butter (zimmerwarm)
**80 g** Zucker
**1 Prise** Salz
**2** Eier (Größe M)
**120 g** Weizenmehl
**3 gestr. TL** Dr. Oetker Backin
**1 Pck.** Gala Bourbon-Vanille-Pudding-Pulver
**80 g** Haselnuss-Krokant
**3 EL** Milch

**FÜR DIE FÜLLUNG:**

**200 g** Mascarpone (ital. Frischkäse)

**1.** Zum Vorbereiten die Äpfel schälen, vierteln und entkernen. Apfelviertel in etwa 7 mm große Würfel schneiden. Die Apfelwürfel mit dem Gelierzucker und dem Zitronensaft in einem Topf sorgfälltig vermischen. Die Zutaten zum Kochen bringen und unter Rühren etwa 5 Minuten kochen lassen. Die Apfelmasse in eine Schüssel geben und vollständig erkalten lassen.

**2.** In der Zwischenzeit den Backofen vorheizen.
Ober-/Unterhitze: etwa 200 °C, Heißluft: etwa 180 °C

**3.** Für den Teig die sehr weiche Butter sowie Zucker und Salz mit einem Mixer (Rührstäbe) zunächst kurz auf niedrigster, dann auf höchster Stufe etwa 4 Minuten schaumig schlagen. Die Eier nach und nach unterrühren (jedes Ei etwa ½ Minute).

**4.** Mehl mit Backpulver und Pudding-Pulver sowie 60 g von dem Krokant gut vermischen. Die Mehlmischung unter die Buttermasse heben. Milch unterrühren. Den Teig in einen Spritzbeutel mit großer Lochtülle (Ø 1 ½ cm) geben. 20 kleine Teighäufchen auf 2 Backbleche (gefettet, mit Backpapier belegt) spritzen. Dabei genügend Abstand zwischen den Teighäufchen lassen. Die Teighäufchen mit einem Messer zu Kreisen (Ø je 5 cm) sorgfältig verstreichen. Teigkreise mit dem restlichen Krokant bestreuen.

**5.** Die Backbleche nacheinander (bei Heißluft zusammen) in den vorgeheizten Backofen schieben. Die Whoopies **etwa 10 Minuten je Backblech backen.**

**6.** Die Whoopies mit dem Backpapier von den Backblechen auf Kuchenroste ziehen und erkalten lassen.

**7.** Für die Füllung Mascarpone kurz glatt rühren. Die vorbereitete Apfelmasse unterheben. Die Apfel-Mascarpone-Creme mit einem Teigschaber so lange rühren, bis sie anfängt dicklich zu werden. Die Apfelfüllung mit einem Löffel auf der glatten Seite von 10 Whoopies verteilen. Die restlichen Whoopies daraufsetzen und leicht andrücken. Die Apfel-Krokant-Whoopies zugedeckt etwa 30 Minuten in den Kühlschrank stellen.

# Vanille-Walnuss-Whoopies 6–7 Stück

**PRO STÜCK:** E: 7 g, F: 38 g, Kh: 44 g, kJ: 2309, kcal: 552, BE: 3,5
**ZUBEREITUNGSZEIT:** 50 Minuten, ohne Kühlzeit
**BACKZEIT:** etwa 14 Minuten je Backblech

**FÜR DIE FÜLLUNG:**

**125 g** klein gehackte weiße Kuvertüre

**50 ml** Vanillelikör

**FÜR DEN TEIG:**

**150 g** Butter oder Margarine (zimmerwarm)

**50 g** Puderzucker

**1 Prise** Salz

**1 Pck.** Dr. Oetker Bourbon-Vanille-Zucker

**1** Eigelb (Größe M)

**150 g** Weizenmehl

**½ gestr. TL** Dr. Oetker Backin

**75 g** gem. Walnusskerne

**6–7** Walnusskernhälften

**ZUM GARNIEREN:**

**2–3 EL** Haselnuss-Krokant

**1.** Kuvertüre in eine hitzebeständige Schüssel geben. Likör kurz aufkochen, sofort über die Kuvertüre gießen. So lange rühren, bis die Kuvertüre geschmolzen ist, dann zugedeckt in den Kühlschrank stellen.

**2.** Den Backofen vorheizen.
Ober-/Unterhitze: etwa 180 °C, Heißluft: etwa 160 °C

**3.** Butter oder Margarine, Puderzucker und Salz mit einem Mixer (Rührstäbe) auf höchster Stufe etwa 4 Minuten schaumig schlagen. Eigelb unterschlagen. Mehl mit Backpulver und gemahlenen Nüssen mischen und mit einem Teigschaber unterheben.

**4.** Den Teig in einen Spritzbeutel mit Lochtülle (Ø 1 cm) geben. 12 oder 14 Teigspiralen (Ø etwa 6 cm) mit genügend Abstand auf 2 Backbleche (gefettet, mit Backpapier belegt) spritzen. Die Hälfte mit jeweils einer Walnusskernhälfte belegen.

**5.** Die Backbleche nacheinander (bei Heißluft zusammen) in den vorgeheizten Backofen schieben. Whoopies **etwa 14 Minuten je Backblech backen.**

**6.** Die Whoopies mit dem Backpapier von den Backblechen auf Kuchenroste ziehen und erkalten lassen.

**7.** Kuvertürecreme kurz durchrühren, dann auf die glatte Seite der Whoopies ohne Nusskern streichen. Restliche Whoopies mit der Wölbung nach oben daraufsetzen, so andrücken, dass die Creme an den Seiten etwas herausgedrückt wird. Cremeränder mit Krokant bestreuen. Die Vanille-Walnuss-Whoopies zugedeckt etwa 30 Minuten in den Kühlschrank stellen.

## mit Likör

**Tipp:** Den Vanillelikör durch die gleiche Menge Schlagsahne ersetzen und diese mit echter Bourbon-Vanille (zum Beispiel aus der Mühle) aromatisieren.

# Zarte Spitzen-Whoopies 10 Stück

**PRO STÜCK:** E: 5 g, F: 8 g, Kh: 22 g, kJ: 781, kcal: 187, BE: 2,0
**ZUBEREITUNGSZEIT:** 45 Minuten, ohne Abkühlzeit
**BACKZEIT:** etwa 12 Minuten je Backblech

**FÜR DEN BISKUITTEIG:**

**3** Eiweiß (Größe M)
**1 Prise** Salz
**75 g** Zucker
**3** Eigelb (Größe M)
**50 g** Weizenmehl
**25 g** Speisestärke

**FÜR DIE FÜLLUNG:**

**3** Maracujas (Passionsfrüchte, je etwa 50 g)
**150 g** Magerquark
**50 g** Zucker
**1 Pck.** Sahnesteif
**200 g** Schlagsahne (mind. 30 % Fett)
**1 EL** Puderzucker

**1** Tortenspitze

**1.** Den Backofen vorheizen.
Ober-/Unterhitze: etwa 180 °C, Heißluft: etwa 160 °C

**2.** Eiweiß und Salz mit einem Mixer (Rührstäbe) auf höchster Stufe steif schlagen, dabei den Zucker einrieseln lassen. Eigelb unterschlagen. Mehl mit Stärke mischen, daraufsieben und mit einem Schneebesen unterheben.

**3.** Den Teig in einen Spritzbeutel mit Lochtülle (Ø etwa 1 ½ cm) geben. 20 runde Kleckse (Ø etwa 7 cm) mit genügend Abstand auf 2 Backbleche (gefettet, mit Backpapier belegt) spritzen.

**4.** Die Backbleche nacheinander (bei Heißluft zusammen) in den vorgeheizten Backofen schieben. Die Whoopies **etwa 12 Minuten je Backblech backen.**

**5.** Die Whoopies mit dem Backpapier von den Backblechen auf Kuchenroste ziehen und erkalten lassen.

**6.** Maracujas halbieren. Das Fruchtmark herauslösen, in einer Schüssel mit dem Quark glatt rühren.

**7.** Zucker mit Sahnesteif mischen. Sahne steif schlagen und dabei die Zuckermischung einrieseln lassen. Die Sahne unter die Quarkmasse heben.

**8.** Die Quarkcreme in den Spritzbeutel mit Lochtülle (Ø etwa 1 ½ cm) geben, in Tupfen auf die glatte Seite von 10 Whoopies spritzen. Restliche Whoopies mit der Wölbung nach oben daraufsetzen und leicht andrücken.

**9.** Die Tortenspitze auf die Whoopies legen. Den Puderzucker darübersieben. Tortenspitze vorsichtig abnehmen.

Vorbild: Käse-Sahne-Torte

# Kaffee-Whoopies (Titelrezept) 18 Stück

**PRO STÜCK:** E: 2 g, F: 11 g, Kh: 13 g, kJ: 663, kcal: 158, BE: 1,0
**ZUBEREITUNGSZEIT:** 35 Minuten, ohne Kühlzeit
**BACKZEIT:** etwa 10 Minuten je Backblech

**FÜR DEN TEIG:**

**125 g** Weizenmehl
**2 gestr. TL** Dr. Oetker Backin
**½ TL** Natron
**10 g** gesiebter Backkakao
**60 g** Zucker
**1 Pck.** Dr. Oetker Vanillin-Zucker
**1** Ei (Größe M)
**70 g** zerlassene, abgekühlte Butter oder Margarine

**100 ml** Caffè Latte Vanilla Tahiti (aus dem Kühlregal, Getränk aus Milch, Kaffee und Vanille)

**50 g** abgezogene, gem. Mandeln

**FÜR DIE FÜLLUNG:**

**15 g** Speisestärke
**15 g** Zucker
**130–150 ml** Caffè Latte Vanilla Tahiti

**100 g** Butter

**ZUM GARNIEREN:**

**etwa 25 g** Zartbitter-Schokoladenstückchen (etwa 50 % Kakaoanteil)

**etwa 1 EL** weiße oder dunkle Schokoladenstreusel

**1.** Den Backofen vorheizen.
Ober-/Unterhitze: etwa 200 °C, Heißluft: etwa 180 °C

**2.** Mehl mit Backpulver, Natron, Kakao, Zucker und Vanillin-Zucker in einer verschließbaren Schüssel (etwa 3 l) mischen. Ei, zerlassene Butter oder Margarine und Caffè Latte hinzufügen. Die Schüssel mit dem Deckel fest verschließen, mehrmals kräftig schütteln (insgesamt 15–30 Sekunden), sodass alle Zutaten gut vermischt sind. Mandeln hinzugeben. Alles mit einem Schneebesen oder Rührlöffel nochmals sorgfältig durchrühren, damit trockene Zutaten vom Rand mit untergerührt werden.

**3.** Den Teig mit einem Spritzbeutel (Lochtülle, Ø 1 ½ cm) in 36 kleinen Häufchen auf 3 Backbleche (gefettet, mit Backpapier belegt) spritzen, mit einem Messer zu Kreisen (Ø etwa 4 cm) sorgfältig verstreichen. Backbleche nacheinander (bei Heißluft 2 Backbleche zusammen) in den vorgeheizten Backofen schieben. Whoopies **etwa 10 Minuten je Backblech backen.**

**4.** Die Whoopies mit dem Backpapier von den Backblechen auf Kuchenroste ziehen. Whoopies erkalten lassen.

**5.** Stärke mit Zucker und Caffè Latte in einem Topf mit einem Schneebesen gut verrühren, unter Rühren zum Kochen bringen. Den Topf von der Kochstelle nehmen. Butter unter Rühren darin schmelzen. Die Creme unter Rühren erkalten lassen (nicht in den Kühlschrank stellen).

**6.** Die Buttercreme in einen Spritzbeutel mit Sterntülle (Ø 6–7 mm) füllen und auf die glatte Seite von 18 Whoopies spritzen. Die restlichen Whoopies daraufsetzen und leicht andrücken.

**7.** Schokolade im Wasserbad schmelzen (siehe Ratgeber S. 91), in einen Gefrierbeutel füllen und eine kleine Ecke abschneiden. Die Whoopies damit garnieren, mit Schokostreuseln bestreuen. Whoopies etwa 30 Minuten in den Kühlschrank stellen.

**Tipp:** Für eine Himbeer-Buttercreme (Titelrezept) 150 ml Himbeer-Buttermilch mit 15 g Zucker und 20 g Stärke klümpchenfrei in einem Topf verrühren, dann unter ständigem Rühren zum Kochen bringen. Den Topf von der Kochstelle nehmen, 100 g Butterstückchen darin zerlassen. 50 g pürierte Himbeeren (frische oder TK) unterrühren. Die Masse im Kühlschrank erkalten lassen, dann die Whoopies damit füllen. Nach Belieben Zartbitter- durch weiße Schokolade ersetzen.

# Ratgeber & praktische Tipps

## CAKE POPS = KUCHEN AM STIEL

Das Buch enthält Rezepte für klassische Cake Pops und für Kuchenlollis, die im Cake-Pop-Maker oder in Cake-Pop-Blechen gebacken werden. Für **klassische Cake Pops** wird zerkrümelter Rührkuchen mit einer Creme verrührt und zu Kugeln gerollt. Schneller geht es im **Cake-Pop-Maker** oder in **-Blechen:** Der Teig backt in den Mulden des Cake-Pop-Makers (ähnlich wie im Waffeleisen) bzw. des -Bleches. Das erkaltete Gebäck wird auf einen Lollistiel gespießt und garniert.

### NOTWENDIGES & NÜTZLICHES

- **Cake-Pop-Maker** und **-Bleche** bekommen Sie in Fachgeschäften oder über das Internet. Bleche gibt es nicht nur für klassische Kugeln, sondern auch für andere Formen wie Herzen, Sterne oder Lutscheis.

- **Lollistiele** und **-spatel** (aus Plastik, Holz oder Papier) gibt es in unterschiedlichen Längen und Stärken in Fachgeschäften, gut sortierten Supermärkten oder im Internet. Stiele bzw. Spatel, die mitgebacken werden, müssen hitzebeständig sein.

- **Styropor** oder **Cake-Pop-Ständer** benötigen Sie zum Trocknen der Glasur. Das Styroporstück vor der Verwendung zurechtschneiden und die Löcher für die Stiele vorprägen. Dabei auf einen ausreichenden Abstand achten, damit die Teigkugeln später nicht aneinander stoßen.

- Ein **Spritzbeutel** mit Lochtülle oder ein **Gefrierbeutel** (vorher eine kleine Ecke abschneiden) erleichtern das Einfüllen des Teiges in die Mulden von Cake-Pop-Makern und -Blechen.

- **Schmelzdrops** sorgen neben klassischem Schoko- oder Zuckerguss für bunte Vielfalt. Unterschiedliche Farben und Geschmacksrichtungen sind in Fachgeschäften, über das Internet und teilweise auch in gut sortierten Supermärkten erhältlich.

- **Speisefarben** zum Einfärben von Zuckerguss, Marzipan oder Fondant gibt es flüssig, als Paste oder in der Tube. Die größte Farbintensität erreichen Sie mit flüssiger sowie Pasten-Farbe.

- **Streusel** in allen Formen und Farben sind für die Garnierung unerlässlich. Gut sortierte Supermärkte bieten eine große Auswahl an Zuckerherzen, -blümchen, -sternchen, Nonpareilles (winzige Zuckerperlen) und Zuckerkristallen. In Fachgeschäften und im Internet ist das Angebot noch vielfältiger. Zudem eignen sich Mokkabohnen, Schokolinsen, gehackte Nüsse, Weingummi, Bonbons, Kokosraspel, essbares Blatt- oder Staub-Gold usw.

- Wenn die Glasur nicht die komplette Oberfläche des Cake Pops umhüllt, lässt sich das mit einem **Holzstäbchen (Schaschlikspieß** oder **Zahnstocher)** korrigieren. Verrutschte Garnierung wird mit einem Stäbchen wieder „zurechtgerückt" und Glasur, die als „Kleber" für filigrane Garnierungen dient, kann punktgenau aufgetragen werden. Auch Marzipan-Figuren lassen sich damit gut modellieren.

## CAKE-POP-TIPPS

- Den Kuchen für klassische Cake Pops am Vortag backen und über Nacht erkalten lassen. Am nächsten Tag weiterverarbeiten.
- Die Cake-Pop-Bällchen zwischen leicht mit Wasser befeuchteten Handflächen formen; die Hände dabei zwischendurch immer wieder waschen und trocknen, dann geht das Formen einfacher. Teigkugeln nicht zu groß formen, sonst fallen sie vom Stiel.
- Den Stiel erst in flüssige Glasur tauchen, dann in die Teigkugel stecken und diese etwa 30 Minuten in den Kühlschrank legen.
- Im Cake-Pop-Maker zuerst einen Probe-Cake-Pop backen, um die richtige Teigmenge und die Backzeit zu bestimmen.
- Für eine ebenmäßige Glasur, diese in kleine Schalen füllen, sodass sie hoch darin steht und jeder Cake Pop komplett hineingetaucht werden kann.
- Die Glasur sollte weder zu dünnflüssig (dann tropft sie vom Cake Pop ab) noch zu dickflüssig (dann lässt sie sich nicht ebenmäßig verteilen) sein.
- Luftbläschen in der flüssigen Glasur lassen sich mit einem Zahnstocher aufstechen.

### KUVERTÜRE ODER SCHOKOLADE SCHMELZEN

Kuvertüre oder Schokolade in kleine Stücke hacken oder brechen. Zwei Drittel davon mit evtl. weiteren Zutaten (z. B. Speiseöl, Butter oder Schlagsahne) in einem Topf im Wasserbad bei schwacher Hitze unter Rühren schmelzen. Den Topf aus dem Wasserbad nehmen und die restliche Kuvertüre oder Schokolade darin unter Rühren schmelzen.

WICHTIG: Kuvertüre bzw. Schokolade darf nicht zu heiß werden, sonst verschwindet jeder Glanz. Zudem darf kein Wasser hineingelangen.

## WHOOPIES = SANDWICH-KÜCHLEIN

Whoopies oder Whoopie Pies sind weiche Doppelkekse, die von einer cremigen Füllung zusammengehalten werden. Im Original besteht diese aus Marshmallow-Creme, Butter und Zucker. Whoopies erfreuen sich bei uns immer größerer Beliebtheit, nicht zuletzt, weil die Zubereitung unkompliziert und schnell ist.

## WHOOPIE-TIPPS

- Für gleichmäßig gebräunte Whoopies das Backblech nach der Hälfte der Backzeit einmal umdrehen.
- Für gleichmäßig große Whoopies auf jeden Bogen Backpapier mit einem Bleistift Kreise mit dem im Rezept angegebenen Durchmesser aufzeichnen, dabei einen etwa gleich großen, ausreichenden Abstand einhalten. Die Backbleche leicht fetten (so rutscht das Backpapier nicht weg) und mit dem Backpapier belegen, dabei die unbemalte Seite nach oben legen.
- Für garantiert gleichmäßig große Whoopies gibt es zudem spezielle Whoopie-Backbleche mit Antihaftbeschichtung im Handel. Durch die Antihaftbeschichtung lassen sich die Whoopies problemlos vom Blech lösen.
- Whoopies sollten am besten immer frisch zubereitet serviert werden. Die meisten Whoopie-Kekse können jedoch am Vortag gebacken und in gut schließenden Dosen aufbewahrt werden. Die Füllung erst am Serviertag zubereiten und die Whoopies kurz vor dem Servieren damit füllen.
- Gebackene Whoopiehälften lassen sich aber auch sehr gut einfrieren. Bei Zimmertemperatur tauen sie in 1–2 Stunden auf und lassen sich dann mit einer frisch zubereiteten Creme füllen.
- Damit sich die Füllung schön gleichmäßig zwischen den Whoopiehälften verteilt, die Füllung zunächst in einen Spritzbeutel mit großer Lochtülle (oder einen Gefrierbeutel nehmen und eine größere Ecke abschneiden) geben. Einen großen Tupfen Creme auf die glatte Seite einer Whoopiehälfte spritzen. Eine weitere Whoopiehälfte mit der glatten Seite daraufsetzen und beide Whoopiehälften durch leichtes Drehen zusammendrücken, sodass sich die Füllung gleichmäßig verteilt und sie rundherum zu sehen ist.

# Allgemeine Hinweise

## ABKÜRZUNGEN

EL = Esslöffel
TL = Teelöffel
Msp. = Messerspitze
Pck. = Packung/Päckchen
g = Gramm
kg = Kilogramm
ml = Milliliter
l = Liter
evtl. = eventuell
geh. = gehäuft
gem. = gemahlen
ger. = gerieben
gestr. = gestrichen
TK = Tiefkühlprodukt
°C = Grad Celsius
Ø = Durchmesser

## KALORIEN-/NÄHRWERTANGABEN

E = Eiweiß
F = Fett
Kh = Kohlenhydrate
kJ = Kilojoule
kcal = Kilokalorien
BE = Broteinheiten

Bei den Nährwertangaben in den Rezepten handelt es sich um auf- bzw. abgerundete ganze Werte. Lediglich die Broteinheiten werden in 0,5er-Schritten mit einer Stelle nach dem Komma angegeben. Aufgrund von ständigen Rohstoffschwankungen und/oder Rezepturveränderungen bei Lebensmitteln kann es zu Abweichungen kommen. Die Nährwertangaben dienen daher lediglich Ihrer Orientierung und eignen sich nur bedingt für die Berechnung eines Diätplans, zum Beispiel bei Krankheiten wie Diabetes. Bei krankheitsbedingten Diäten richten Sie sich daher bitte nach den Anweisungen Ihres Diätassistenten bzw. Ihres Arztes.

## ALLGEMEINE HINWEISE ZU DEN REZEPTEN

Lesen Sie bitte vor der Zubereitung – besser noch vor dem Einkaufen – das Rezept einmal vollständig durch. Oft werden Arbeitsabläufe oder -zusammenhänge dann klarer.

## ZUTATENLISTE

Die Zutaten sind in der Reihenfolge ihrer Verarbeitung aufgeführt.

## ARBEITSSCHRITTE

Die Arbeitsschritte sind einzeln hervorgehoben, in der Reihenfolge, in der wir sie ausprobiert haben.

## ZUBEREITUNGSZEITEN

Die Zubereitungszeit ist ein Anhaltswert für die Dauer der Vorbereitung und die eigentliche Zubereitung. Längere Wartezeiten wie Kühl- oder Abkühlzeiten, Auftau- und Durchziehzeiten sind, sofern parallel keine weitere Tätigkeit erfolgt, nicht in der Zubereitungszeit enthalten. Die Backzeiten werden in der Regel gesondert ausgewiesen.

## BACKTEMPERATUREN UND -ZEITEN

Die in den Rezepten angegebenen Backtemperaturen und -zeiten sind Richtwerte, die je nach individueller Hitzeleistung Ihres Backofens bzw. Ihres Cake-Pop-Makers über- oder unterschritten werden können. Machen Sie nach Beendigung der angegebenen Backzeit eine Garprobe. Backen Sie immer einen Probe-Cake-Pop.

Die Temperaturangaben in diesem Buch beziehen sich auf Elektrobacköfen. Die Temperatureinstellungsmöglichkeiten für Gasbacköfen variieren je nach Hersteller, sodass wir keine allgemeingültigen Angaben machen können. Bitte beachten Sie deshalb bei der Einstellung des Backofens die Gebrauchsanleitung des Herstellers. Ein Backofenthermometer eignet sich dabei gut, um die Backofentemperatur im Blick zu haben.

## EINSCHUBHÖHE

Hohe und halbhohe Formen werden im Allgemeinen auf dem Rost im unteren Drittel des Backofens eingeschoben, flache Formen auf dem Rost in die mittlere Einschubleiste. Abweichungen sind möglich und von der Ausführung Ihres Backofens abhängig (Herstellerangaben beachten).

Versuch macht klug!
Selbst mitmachen und die Dr. Oetker Versuchsküche live erleben – heißt es in Bielefeld. Dort finden regelmäßig Seminare und Vorführungen statt, bei denen den Profis der Versuchsküche über die Schulter geschaut und selbst Hand angelegt werden kann.
Es gibt wertvolle Tipps und so manch raffinierter Trick wird verraten. Zum Abschluss kann das Selbstgemachte in gemütlicher Runde probiert werden. Erleben Sie einen schönen Tag in der Dr. Oetker Versuchsküche.
Wir freuen uns auf Sie.
Alle Infos unter www.oetker.de oder unter 00800 71 72 73 74 (gebührenfrei in Deutschland).
Dr.Oetker
Dr.Oetker
Qualität ist das beste Rezept.

# Kapitelregister

## HANDGEFORMTE CAKE POPS



## AUS CAKE POP-MAKERN & -FORMEN



## WHOOPIES

# Alphabetisches Register

Für Fragen, Vorschläge oder Anregungen stehen Ihnen der Verbraucherservice der Dr. Oetker Versuchsküche Telefon: 00800 71 72 73 74
Mo.–Fr. 8:00–18:00 Uhr, Sa. 9:00–15:00 Uhr (gebührenfrei in Deutschland) oder die Mitarbeiter des Dr. Oetker Verlages Telefon: +49 (0) 521 52 06 51
Mo.–Fr. 9:00–15:00 Uhr zur Verfügung. Oder schreiben Sie uns:
Dr. Oetker Verlag KG, Am Bach 11, 33602 Bielefeld.
Oder besuchen Sie uns online im Internet unter www.oetker-verlag.de, www.facebook.com/Dr.OetkerVerlag oder www.oetker.de.

**Umwelthinweis:** Dieses Buch und der Einband wurden auf chlorfrei gebleichtem Papier gedruckt. Die Einschrumpffolie – zum Schutz vor Verschmutzung – ist aus umweltfreundlichem und recyclingfähigem PE-Material.



**Redaktion:** Christina Langner

**Titelfoto:** Thomas Diercks, Hamburg
**Innenfotos:** Anke Politt, Hamburg
**außer:** Walter Cimbal, Hamburg (S. 90 r., 91)
Fotostudio Diercks – Thomas Diercks, Hamburg (S. 11, 15, 21, 27, 41, 47, 49, 69, 77, 89, 90 l.)

**Rezeptentwicklung, -beratung und Foodstyling:** Christine Bergmayer, Hamburg
**Nährwertberechnungen:** Nutri Service, Hennef

**Grafisches Konzept und Satz:** kontur:design, Bielefeld
**Titelgestaltung:** küstenwerber, Hamburg

**Reproduktionen:** d&d digital data medien GmbH, Bad Oeynhausen
**Druck und Bindung:** Firmengruppe APPL, aprinta Druck, Wemding



**ISBN:** 978-3-7670-0885-4